啓示の現象学

Phénoménologie de la révélation

ミシェル・アンリとジャン＝リュック・マリオン

Michel Henry et Jean-Luc Marion

佐藤 国郎

Kuniro Sato

アルテ

はじめに

アリストテレスは『形而上学』の冒頭で、「本性により、あらゆる人間は知ることにあこがれる」と述べるとともに、「人間は知識と技術を、経験を通して獲得する」と、また「明らかに、知恵はある種の原理と原因に関わる知識である」と明言する。この言葉は、次のように敷衍することができる――人間には本来、経験から出発して、経験に規制されつつ、経験を越えた領域に向かう傾向が備わる。この傾向は、*METAPHYSICA*(1)成立の由来、自然学の後に置かれる学、にしたがって形而上学的と呼ぶことができ、形而上学傾向の現れとその目指す方向の解明は、現象学の一つの重要な課題となる。

ところで、形而上学的傾向には二つの異なった現れがあり、一つはパトスで他はロゴス、言葉を換えれば、欲求と思惟という性格を示す点を見落としてはならない。人間という有限にして不完全で死すべき現実存在の、前者は情念という側面、平安や苦悩、つまり生の自発的な発露で、後者は理性の働きという側面、たとえば無限や完全の知解である。しかし、この区別は、あくまで現れ、あるいは働きの違いで、形而上学的傾向が判然と二つの種類に分離するのではない。このことは、形而上学的傾向の二つの現れがともに啓示に向かうことにより明らかとなる。

啓示は、確かに、「キリスト教の経験の中心的現実であるが、長い間二義的な概念であった(2)」と考えられるが、神の自然的理性による認識という権利が保証されていることで、啓示は形而上学的傾向の到達点、現象学の終局と理解することができる。神学的努力は、啓示の内容の許される限りの知解にあるとするなら、形而上学的傾向の現象学は神学への大きな寄与となる。

ここで注意が必要なのは、形而上学と形而上学的傾向の明確な区別で、形而上学は、具体的には、存在 - 神 - 論 onto-théo-logie や出エジプト記の形而上学（神の第一の名を存在とする）に示されるように、存在者や対象、思惟可能な事柄、そして存在問題 Seinsfrage に特権を認める。これに対して、形而上学的傾向はあくまで人間の本性の現れであって、構築とともに地平や図式といった発想を避け、記述を要求する。一言では、存在なくして、存在以外の仕方で理解される。

本書では、まずミシェル・アンリを手掛かりとして、形而上学的傾向のパトスという側面を、次にジャン＝リュック・マリオンに依拠しつつロゴスという側面を探究する。最後に、二つの側面をロゴスに重きを置きつつ総合する視点を試みることで、現象学の最も顕著な展開は啓示へ向かう点を明らかにする。

目次

第一章　現象学の hylétique と matérielle

Ⅰ　問題構成

アンリの現象学理解の基本は、フッサールの hylétique の不十分さを批判して、より徹底した立場である matérielle へと進めていくことにある。問題は次のように提起される。「至る所で常に、現象を形作る事柄を、最初に距離に置かれ、外部から到来し、そこではこの外部という光の中で、すべての事物が可視的、《現象》となると考えるのは、常識、諸科学や過去の哲学の錯誤である」[1]。この引用文では、外部 Dehors は大文字で表記されているのであるが、距離に置かれる、可視的 visible という言葉とともに、アンリの Leitmotif を示すことになる。そして、「現象学の問題の急進化は、純粋な現象性を目指すだけではなく、純粋な現象性が根源的に現象する様態、つまり実体、素地、純粋な現象性が形作られる現象学的素材[2]――その純粋な現象学的素材性を調べることである」(p.6) と述べる。

外部は具体的には、soi[3]の外と定義されるとして、アンリはより包括的な概念として世界 monde という用語を使い、世界の特徴の一つを可視性とする。「根源的な現れの内的な構造には、何らの外部、隔たり、脱自 Ek-stase は特有ではない。その現象学的実体性は可視性ではない。いずれにしても、ギリシャ以来哲学が使用してきた範疇は、どれもふさわしくない」(p.7)。確かに、アリストテレスは『形而上学』で視覚の優位性を強調して、「視覚はとりわけ認識を生じさせ、事物の多くの区別される特徴を露わにする」[4]と述べている。したがって、アリストテレスの範疇は、可視性に基づいて経験される存在者の述語の形式と考えられるのであるが、たとえばその実体、究極の主語にして述語とならない、に対しては何が対置されるのか。

ここで、不可視の現象学的実体を描き出すのは、matérielle な現象学という確信から、「matérielle な現象学が視野に入れている現象学的実体は、生が soi の試練をなす悲壮な pathétique 直接性である」（p.7）と明言される。アンリの学説を根底で支えるのが生という概念で、「生は、何らかの、たとえば生物学の対象ではなく、すべての事物の原理で、それは、生は純粋な現象性の本質と、存在が現象と共存し、現象に基づく限りでの存在の本質を定義するという根源的な意味で、現象学的生である」（ibid.）。この考えによれば、ギリシャ以来の哲学は、生に存在を基礎づけるのではなく、存在に生を従属させ、この時には、存在は世界から出発して理解される存在者の存在に他ならない。

しかし、アンリ自身が「不可視の現象学は用語の矛盾ではないか」（p.8）と述べているように、少なくとも可視と不可視を世界という背景、つまり同一の地平で理解するのであれば、matérielle な現象学は成立不可能となる。この点について、マリオンは「現象性――現象の定義と本質――は、可視と同様に不可視を含意している」[5]と述べつつ、「形而上学は両者を多くの多様な装置に組織したが、それらはすべて、結果として不可視から可視へ移行する、あるいは基礎として可視から不可視へ遡ることに帰着する。二つの場合、形而上学は、明白かどうかに関わらず　変化、むしろ変形の一貫性、つまり一義性を定式化する」[6]と指摘する。他方で、「可視と不可視の一義性と同質性を引き受けるのは、形而上学だけではなく、最も通用している意味での現象学である」[7]と論を進め、「この定式は一般的で、おそらくほとんど不可避であるので、メ

ルロ - ポンティは不可視をはじめに《現実には可視ではないが、可視になり得る》と、次に《可視に関連して、それにもかかわらず事物として見られ得ないであろう》と定義する時には、これを自らの定式にしている」[8]と言及する。

ではなぜ、可視と不可視の一義性と同質性という定式は、一般的にして不可避であったのか。アンリの立場では、両者を世界という同一の地平で理解するからであるが、マリオンはメルロ - ポンティの言葉を交えて、「不可視は可視に対して一つの《準拠 - 否定（何かに関する零）》として働き、その結果、一貫して唯一の《存在の次元 dimentionnalité de l'Être》の内部にとどまっている」[9]と説明する。アンリとマリオンはともに、はじめに可視と不可視は一つの移行、例外なくすべての現象性に適用される持続する唯一の過程と理解する定説が、形而上学だけではなく、現象学でも通用していることを確認する。次にこの定説は可視と不可視を世界、つまり存在の次元で理解している点を明らかにする。「この定説は形而上学に由来する。しかし、現象学は少なくともその最も決定的な歴史的形象（つまりメルロポンティに至り、フッサールに一致する）で、定説の継承を引き受けている」[10]。したがって、求められるのは、フッサールにまで遡って、現象学によるこの継承の引き受けを問い直す作業である。

Ⅱ　hylétique

アンリは hylétique な現象学の明確な定義は *Ideen1* の §85 で提言され、この定義が現象学の決定的な獲得とその基礎を示すとして、「フッサールは厳密に知覚内容を《可感的性質》、つまり客観的な事物の特性、それゆえにノエマ（意識の内容）的性格、また他方では、これらにより対象の客観的契機が《素描される》、純粋な感官の体験、主観的印象――視覚的、聴覚的など――を区別することができた」（p.13）と述べる。

そして、純粋な感官の体験、主観的印象を、世界が告知される主観的素描と考え、まさに主観に内在する現実の要素とする。この時見落としてはならないのは、これらの要素には志向性の構造（対象に向かう第一志向、意識自身に向かう第二志向）がないという点で、アンリはフッサールの《感官の要素はそもそも志向性を何も持たない[11]》という言葉を引用し、「このようにして、hylé の本質が定義される。つまり、積極的にはその絶対的主観性の実在自身への帰属により、主観性の素材と固有の存在を構成するとして。消極的にはあらゆる志向性の hylé の外への除外により」（p.14）と明言する。

ところで、主観性の基礎は意識にあり、意識の本質は志向性であるとするなら、志向性が取り除かれた hylé が絶対的主観性の実在自身に帰属するというのは何を意味するのか。ここで、アンリはフッサールの《体験はその現実の構成の中に hylétique な契機だけではなく、またそれに生気を与える把握を含んでいる[12]》という言葉を引用するのであるが、より重要なのは、この箇所の少し前の記述と思われる。「hylétique の秩序のすべての事柄は、まさに現実の構成部分の資格で、具体的体験に入り込む。それに対して、多様として hylétique な契機の中で《思い描かれ》、《素描される》事柄は、ノエマに入り込む[13]」。訳者のリクールが当該頁の注で指摘しているように、フッサールは世界を意識に住まわせる主観的観念論という誤解をさけるために、hylétique とノエシス（意識の作用）的な構成部分をノエマ的構成部分に対立させることに固執してきた。この姿勢に新たな要素を加え、hylétique とノエシス的な構成部分との関係を論じる。「対象は hulé がそうであるように、ノエシスの中に含まれるのではない。hulé は何らかの仕方で対象に命じるのであるが、ノエシスは対象を《構成する》。しかし、ノエシスは hulé を《通して》構成し、hulé の変化は対象の現れを規制する[14]」。一言では、hulé とノエシスとの相補性を認めつつ、前者のノエシスからの分離と、その優位を主張する。

アンリはリクールとはやや異なる、あるいはより徹底した方向に進む。「非志向的 hulé と志向的 morphé のどちらが最終的には主観性で、hylétique な現象学と志向的意識の現象学のどちらが優位な学問分野なのか、これはただ形相的分析から解決を受け取ることができるという意味で、本質の問いである」（pp.14-15）。この問題は、一つの実在の構成要素に変更を加え、実在の消滅なしに除き去ることのできる要素と実在に不可欠の要素とを識別し、後者を実在の本質とする作業を要求する。「考えられている matérielle な現象学は、hylétique または印象的な《構成要素》である限りの主観性の深層の本質を解き放つ、あらゆる超越の徹底した還元から結果として生じる」（p.15）。還元は、その終局で、もはや超越がないところで存続する事柄を明らかにするのであれば、matérielle な現象学は résiduelle な現象学で、hylétique から matérielle への移行は還元の徹底化に他ならない。「《matière》は第一に印象あるいは印象に根源的に、それ自身で同一の事柄、感覚を明示する」（p.16）。したがって、フッサールとリクールの hulé に、より重要な役割を与えられた matière が置き換えられ、matière とノエシスは相補的というより、補完的関係として理解される。「《matière》は、それが入り込むノエシスの体験の全体で果たす役割により多元決定される。この役割は、matière を志向的作用のまさに素材にし、志向的作用は素材に捉えられ、素材から出発し、その都度素材がもたらす内容により対象を構成する」（p.17）。

現象学の hylétique の立場では、意識の中で体験を構成する hylétique な契機と志向的契機がどのように統一されるのかという根本的な問題が解決されていない。「《体験》の《現実》の中での感覚的契機と志向的契機、素材と形式の関係は、現れと現れの内で現れる事柄との間で確立される統一を求める関係で、存在-存在論的 ontico-ontologique な包摂である」（p.18）。この ontico-ontologique という用語がアンリのフッサール批判の意図を指し示す。たとえば、フッサールは「いずれにしても、体験は志向的であることを承認し、志向性について、それは何かの意識であると言う時には、正確で絶対的に決定した観点から体験に着手する[15]」と述べているように、あくまで志向性を重視している点は否定し難い。このことを踏まえて、アンリは「現時点で問題となるのは、hulé と morphé の統一ではないにしても、少なくとも主観性自身の内的な統一という問題、つまり現れが自らの内に、その純粋な現象性の中で、現象性にそれ自身根源的に外的なままである事柄 ce qui demeure en soi radicalement étranger à la phénomenalité を内包するという可能性である」（p.19）と指摘する。実際には、不透明な要素（ce qui demeure en soi radicalement étranger à la phénomenalité）はすでに距離を置いて見られ、志向性の働きに他ならない可視性という外部で、まさに志向性により構成されている。

したがって、絶対的主観性の根源的な現れという問題では、ノエシスではなくノエマの分析が必要になる。フッサール自身は「知覚はそれ自身でその対象の知覚で、《客観的に》向けられた記述が対象の側に現すあらゆる構成要素には、知覚の側の現実的な構成要素が対応する[16]」としつつ、「すべてのノエシス的構成要素は、ノエマ的対象とその多様な契機に訴える以外には性格づけられることができない[17]」と明言している。この時、アンリの問いは「ノエマがもはやない時に、何が性格づけの指標であるのか」（p.21）で、なぜなら明らかに hulé はノエシスの構成要素の一つと考えられていた。また、「知覚の場合はまさにノエマ的相関項が印象に対応する場合であるが、この種の相関項がもはや生み出されない時には、どうなるのであろう」（p.22）と述べ、志向性優位の知覚理解に疑問を呈している。

アンリによれば、知覚の体験だけではなく、感情の体験もまた志向性に基づいて理解され、ただこの場合には価値判断がともなう。「志向性は必然的に感情の体験に先立ち、感情の体験は志向性を《満たしに》、つまり志向性に与えられに来る。知覚の直観的内容が知覚的な志向性を満たしに来るのとまったく同様で、感情はそれ自身で直観的内容である」(p.23)。そして、「価値判断 Wertnehmen は感情の領域での知覚 Wahrnehmung の類比物である」(ibid.)。もし、hylétique は志向性による構成に可能な素材をもたらす限りの役割、現れのための触媒という内容であるとすれば、志向性の現象学に対して、hylétique な現象学は小さな意味を持つにすぎない。

Ⅲ　matérielle

現象学の考察はすべて与えられる事柄に向かうのであるが、この与えられる仕方、あるいは受け取る仕方を二つに区別する必要が指摘される。はじめに Empfindung（感じること）、「与えられた事柄自身が与える様式で、感情は印象を与える様式とその印象的内容と同一である」(p.26) 場合、次に「志向性の中で、志向性による」(ibid.) 場合。この視点から、アンリは「《超越論的》、つまり志向性による現象学は、この第二の与えられることの記述、その本質的様式、それらに対応するノエシスとノエマの多様な類型の分析に尽くされる」(ibid.) と述べる。アンリは明らかに超越論的現象学が傍らに置きつつ、明らかに前提としている第一の与えられることに注意を促す。確かに、hylétique な現象学は第一の与えられること(Empfindungsinhalte) に着目したが、少なくとも Ideen1 では、その役割はノエシス的構成に素材を提供し、構成の前提となるにすぎないという傾向がある。

他方で、リクールは Ideen1 の §85 の注で、hulé は機能的役割に限られ、超越論的意識に従属するのではなく、高い価値を持っている点を指摘する。「hulé の探求は、志向性が hulé を生気づける限りで、意識の中での対象の構成という領域に属している。《hylétique》は素材が形式に対応するように、《ノエシス的》に対応する。しかしより深い意味で、hulé は時間の構成と moi の**原構成** *Urkonstitution* に関係する。それは対象の照準に対して内在的な持続をもたらす《素描》の流れである」[18]。したがって、アンリの意図は次の言葉に暗示される。「志向性は、対象の提示のための自由原理として機能する代わりに、対象の内に、あるいはむしろそこから志向性が生じる素材の中に、その都度対象をそれがあるようにする素材となる要素と構成物を汲み取る」（p.27）。つまり、先に述べられた《第一の与えられること》の現象学の試みである。

ところで、現象学の hylétique から matérielle への移行は、対象の構成では hulé が morpheé より以上に本質的であるという確認により明確にされるとして、問われるのは、hulé がどのように与えられるかの記述であろう。ここで、l'Archi-donation、auto-donation、auto-impression 、Affectivité transcendantale[19]という用語が使われるのであるが、フッサールの立場では、「意識の資格は《心的複合》、融合した《内容》、《感覚》の《束》や流れには適用されない。これらは、それ自身で意味を欠き、決して一つの《意味》を産み出すことなく、どのような混合も受け入れる」[20]。志向的意識は何より意味を与える意識で、意味を欠くことで合理的ではない素材から区別される。その一方で、「すべての現象学的分析は、なんらかの仕方で、構成的要素あるいは下部構造の資格で役割を果たす」[21]。やはり大胆な発想の転換が必要で、アンリは「素材はいずれにしてもその auto-donation という問題に送り返す」（p.29）として、「西洋的思惟がその資格を委ねた現れの唯一の様式、外部の最初の脱自 première Ek-stase du Dehors、その開示にとって志向性は名前でしかない現象性の脱自的拡がり Dimensional extatique de la phénomenalité に頼る」（p.30）ことが重要であるかどうか、この問いを提起する。

必要なのは hylétique の捉え直しで、特に印象の与えられるというより与える側面の強調と思われる。意識は明らかに印象によって影響され、「印象、より適切には印象性 impressionalité が意識自身を構成する」（p.33）。一般に、客観性とは言っても、そこには感情を含む述語の層が重ねられているのであり、現れの場と考えられる脱自がそれ自身に根源的に与えられるのは、「その auto-impression というパトス、その印象性の中である」（p.34）。アンリによれば、実在は主観性あるいはより広い意味で生の自己体験 s'éprouver soi-même、印象の自己印象 s'auto- impressionner に住まうのであって、これらの中ではじめて実在、つまり生の実在が私に与えられる。

リクールは《hulé は時間の構成と moi の Urkonstitution に関係する》と指摘していたのであるが、アンリは一歩踏み込んで、「hylétique な基盤への志向的分析の送り返しは、それがなければ現在はないであろう印象への現在の根源的意識の送り返しである」（p.46）と述べている。現在という時間意識があるのは、根源的な主観的実在である限りの印象があるからで、この Ur-impression が auto-affection に他ならない。ここで、「その根源的な再臨 Parousie というパトスの中で、存在がまず自らを把捉する所以外では、何も到来しない」（p.49）という言葉で、根源あるいは起源はパトスであることが明言される。したがって、この立場では、フッサールは印象の本来の存在に構成された存在を置き換える、言葉を換えれば、hylétique をあくまで意識の現象学的流れの内部で考えている。しかし、Ur-impression は自らの内での印象の出来《しゅったい》であって、内的意識により構成された現在の内容ではない。

フッサールからアンリへの現象学の変化は、hulé や hylétique の異なる現象性に着目するのではなく、むしろ両者の本質に気づくことで、matière の概念を獲得したと考えられる。このようにして、現象学は l'Archi-donation、auto-donation、auto-impression 、Affectivité transcendantale という言葉で表現される la donation pure（純粋に与えられること）を主題化する。この時、次のように述べられる。「matérielle な現象学が明確に知覚するのは、もはや対象、《どのようにと問う対象》ではなく、すでに対象はない新しい大地で、それは他の規則、世界と思惟の規則ではない Vie の規則である」（pp.58-59）。引用文の後半は、使われている用語の意味が十分に規定されているとは言い難いが、アンリ本来の意図はフッサール批判に限られるのではなく、ギリシャ以来の形而上学の転換にあることは明らかである。

Ⅳ　現象学と方法

あらためて言うまでもなく、現象学は対象に接近する様式で、この接近の様式は対象自身から出発して定義されるという意味で方法の一つに他ならない。他方で、アンリが指摘するギリシャ以来の思考習慣によれば、対象とは眼差しの下で、ce qui est vu 見られる（理解される）事柄である。それゆえ、現実の思惟作用 cogitatio や知覚、表象、判断は純粋な視覚と考えられる眼差しに帰着する。思惟作用は視覚である。ここで問題は、「どのように思惟作用の現実の存在を、純粋な視覚の中で個人に与えられるという点から出発して、基礎づけるのであろう。もし、純粋な視覚は思惟作用の先行するべき現実の存在を前提としているのであれば」（p.66）と提起される。アンリの立場では、「思惟の眼差しが位置する所、純粋な視覚の中には、思惟作用はどのようにしても身を置かない」（p.67）。眼差しが現前させるのは思惟作用の現実の存在ではなく、空虚にすぎない。この場合には、一方には見られる事柄があり、他方には外部に位置する思惟作用があり、両者の現実的な関係が見出せない。

現象学が対象ではなく、《すでに対象はない新しい大地》に向かうとすれば、確かな認識に基づく命題の確立という思惟の過程を、実在自身の過程と理解する立場は過信として疑問に付されることになる。つまり、思惟作用が思惟という視覚の中で明証性を獲得することを、思惟作用の本質とするのは誤解と思われる。アンリは「（フッサールの）還元は、それ自身の手前、見ることの手前 en deçà du voir に決して戻らない、最終的には見ること以外のどのような事柄でもないという理由で、この見ることに同一視され、ただ見ること、そしてその内的な目的論にしたがう思惟を自らに前提している」（p.69）と指摘する。では、《見ることの手前》に戻る、言葉の充実した意味での還元は何を求めるべきであるのか。「絶対的主観性の自己体験の中で、根源的な l'Ipséité、その内的可能性で把握された le Soi-même[22]が誕生する。また、後者にはすべての《soi》が、最も外的であっても、内密に差し向けられる」（p.74）。見る以前に体験する、現象学の基本となる範疇は内在と考える時に、思惟作用に帰属する実在は、内在である限りで、auto-apparaître という実在、現れ自身と考えられる。

アンリのフッサール批判、matérielle な現象学の構想の主眼は、現れと現れる事柄との区別、両者の相関関係に基づく対立の克服で、前者は思惟作用の中の出来事、後者は前者の中で形象化される客観性、このような図式の無効化であろう。「思惟作用の中では、現れる事柄は現れと異なるのではなく、直接にそこに起因する事柄として、現れと同一化される」（p.75）。言葉を換えれば、現れは根源的な現象性である限りで、その auto-apparaître の内で、自ら現象学的な実在を決定する。論を進めて、アンリは次のように問いかける。「還元された見ることとの純粋な視覚の中で、何が現実に見られるのか。思惟作用である」（p.76）。しかし、この引用文で言われる思惟作用が auto-apparaître という内在の中で自己体験するという、アンリの考える本来の姿を失っている点は明らかで、主観性の現実の契機ではなく、認識の対象で、思惟は眼差しとして対象を把握する（確実に見る）ために、思惟自身に向かって自らを超出（Ek-stase）する。この時に問題となるのは、現象学の最も基本的な概念と考えられる超越と内在とに生じる混乱である。

思惟作用は最も内在的である、この原則にしたがって、アンリは「思惟による、思惟の外部に位置し、この仕方で思惟によって見られる内容の把握は、フッサールがこの概念に承認した最初の意味によれば、一つの超越である」（ibid.）と指摘する。一方では、思惟作用は絶対的に内在する与えられた事柄の領域を明らかにしつつ、他方では、自らを超出して超越的内容に向かう。明らかに、matérielle な現象学の構想には、思惟作用を auto-apparaître として根源的な内在と理解することで、Ek-stase の契機を回避するというもう一つの異なる主眼がある。ただここでも、先に述べたアンリ本来の意図を見落とさない注意が必要で、「現象学的還元と方法は、世界に関して、網羅的な用意周到さを準備し、可能にするという目的で、この世界に位置するという最初の指標である」(p.79) と述べられる。現象学はやはり、見ることが開示する世界に絶対的な基礎を置いている。

したがって、現象学的還元や epochè は世界自身を問うことなく、判断の停止は経験に与えられる限りの世界の内容や信憑、それに属する心理的 moi に向けられる。なぜなら、世界は可視性の地平に他ならず、理解可能なすべての事柄はこの明るみの場で自らを示すからである。この点について、超越と内在という視点から、アンリは「純粋な超越の普遍的な存在論的範疇、すべての存在する事柄の条件という地位への上昇」(p.81) と言及する。現象学は自らに課した役割を果たすために、還元の内部で働くという条件に制約される。この時、見ることとの思惟作用への介在が触媒となり、与えることと与えられる事柄との間に亀裂が生じ、見ることは与えること、思惟作用は与えられる事柄となり、その auto-apparaître という性格が見落とされる。

そもそも、見ることと思惟作用は根源的にして、統一的な関係であろうか、この疑問が生じるのは当然で、アンリは両者の関係を歴史的、つまりギリシャ以来の形而上学の所産と考える。しかし、歴史的が本質的となるほどに影響力を持つ点が指摘される。「純粋な視覚は、思惟作用のような特殊な与件に限られるべきではない。——中略——思惟作用は、純粋な視覚がその能力の卓越さを証明するためのもはや一つの例にすぎない。思惟作用は、ただ見られ、良く見られ、この仕方で疑うことができない限りで、絶対的な一つ与件である」（pp.90-91）。あらためて、発想の転換が求められるとして、アンリの立場を象徴するのは、「生は決して見られず、また見られ得ない Notre vie n'est jamais vue et ne peutl'être」（p.67）という言葉であろう。

生は視覚を拒否し、その実在は視覚を逃れてしまう。この視点からフッサールを見直すことで、「現象学的方法は、本能的に、それを逃れてしまう生という実在に、その《本質》を置き換える」（p.99）という理解が生じる。アンリの理解にしたがえば、本質とは等価や代置、代替であって、「生とその実在の本質的性質の、不可能な《提示 présentation》の場と位置での表象 re-présentation」（ibid.）にすぎない。それゆえに、現象学的方法に対して二つの批判的見解が考えられる。[23] I 個々に与えられる現実の存在から出発して、それらの本質についての純粋な視覚が働くのであるが、現実の存在に対する無関心が、類的本質の構成というフッサールの理論の主導動機であり、形相的 eidétique 方法である限りの現象学的方法の決定的な前提となっている。II 現象学は認識活動という意味で、思惟の一つの様式で、見るという形式の下で働く。この時、見るはそれに内在する目的論と同様に、その作用の領域をアプリオリに規定する制限に必然的にしたがう。

V　se-rapporter-à

すでに、auto-apparaître という言葉が示唆しているように、意識は必ず何かについての意識という意識の志向性に対して、アンリがフッサールあるいはその後継者とは異なる接近を試みていることは明らかである。問いは次のように述べられる。「どのように《関係づけ se-rapporter-à》はそれ自身で姿を現すのか」（p.109）。確かに、関係づけは思惟作用の現実の要素であり、意識の本質は志向性である点は疑い得ない。この時、アンリは「《関係づけ》を見る視覚は、関係づけに取って代わり、関係づけとして自らを通用させる」（ibid.）と指摘する。視覚の手前に位置し、志向性を、結果としてその役割を無効化するに至るとしても、その根源に遡って記述する、これが目指す所であろう。

ところで、意識の志向性は、外界の対象に向かう第一志向、意識自身に向かう第二志向、この二つの作用の区別を必要とする。[24] 前者を超越、後者を内在と呼ぶとすれば、思惟作用の関係づけは本来純粋な超越であろう。他方で明証性の程度では、内在という意味での第二志向が優位となる。アンリは「現象学者がその中で《関係づけ》を理解する視覚を、根源的な思惟作用の中での関係づけの auto-donation に置き換えることで、現象学は来るべき可能性の限界を跡づけるだけではなく、その錯覚の果てにまで行く」（p.110）と警告する。この引用文で言われる auto-donation は、そもそも視覚としての関係づけとは異質で、視覚つまり明証な自己意識の外部にありつつ、思惟の最も基本となる関係づけとして働く。言葉を換えれば、何らかの超越が可能となる思惟の基盤という内在である。視覚の手前、志向性の場となる非 - 志向性 non-intentionalité とも考えられる。

アンリは「見ることが有効となるのは、ただ見ることでない non-voir 限り、見ることの中で自らに関係づけられない、見ることにより姿を現さない、したがって、見られない non-vu、不可視である限り」（p.111）と、また「この non-voir と non-vu、不可視は無意識なことではなく、現象性の否定ではなく、最初の現象化で、前提されたことではなく、脱自的ではないが、議論の余地のないパトスの内での生自身である」（ibid.）と述べている。最初の現象化は、生が情念の内での情動 l'affect en sa passion として現れることに他ならない。アンリの立場は、意識の志向性を関係づけと理解して、その起源への遡及を試みる時、出会うのは非 - 関係づけ non-se-rapporter-à という逆説により端的に示される。あらためて批判されるのは、現れを可視性の地平とし、現象を可視的であると理解する発想で、この発想は明らかに世界を前提としている。しかし、世界の内部で知覚される事柄の現れの記述は、日常的な知覚から借用された現象の概念をもたらすにすぎない。「《現象学》は最も通常の経験以上の何も示さない」(p.120)。現象学は何を明らかにするべきか、問いは究極にして最初である。

したがって、基本となる考えが確認される。「現象への接近の道は、現象自身、その現象性である。それゆえ、現象学の対象と方法は同じで、前者である現れが、後者がただ追うべき、このようにして《道》である道を構成するからである」(p.122)。ここで、アンリの主導動機が現れる。φαίνόμενον は光あるいは明るみ（φα、φῶς）の中で、何らかの事柄が明らかになる、つまり可視的になることで、この理解によれば、可視性を媒介としてロゴス（現象を明らかにする）と現象自身は密接に関連する。これがギリシャ以来の思惟の習慣を踏襲する、まさに phénoméno-logie に他ならない。批判は以下のように行われる。「もし、あらゆる可能な現れ、したがってすべての現象を基礎づける auto-apparaître の情念的直接性の内での根源的な現れであるような生は、原理的に可視性の領域を逃れ、根源的現れの限りで、この超越論的生は現象学の対象を定義するのであれば、対象と方法の同一性は突然に決裂し、あまりに根源的であるので、はじめに思惟に対して一つの深淵（un Abîme）として現れるような異質性に場所を譲る」(p.122)。

アンリの主張は、一方は生の情念的で脱自的ではない顕れ[25]、他方は可視性にもたらす働きという、現象学の対象と方法との対立を示すと思われるが、より広い意味では、パトスとロゴス、この両者の間にある差異と前者の始原 archée という性格への気づきであろう。たとえば、アリストテレスは『魂について』の中で、「あらゆる場合に、働きかけることは働きを受けることに対して優越で、後者の原理である。また、現実態での知識は知られた事実と一致するが、可能態での知識は、時間的には個々の場合に先立つとしても、一般には時間的な優先を持っていない[26]」と述べている。これに対して、アンリは「matérielle な現象学は、

《体験》の実現という根源的様式を目指し、たとえ方法は実際には、対象の認識を可能にする以外の目的を持たないにしても、対象は方法とは完全に異なっている」（p.125）と指摘する。

ここで言われる方法が可視性をもたらす手段、言葉を換えれば、対象を眼差しの前に置く手順であるなら、《超越論的生》はその情念的直接性では、眼差しを逃れてしまう。この時、接近不可能な生の代替として、生ではないが生として通用する表象が考案される。アンリはこのような表象がノエマ的本質と呼ばれるとして、「ノエマ的本質はまさに《表象する事柄》、絶対的生の表象に他ならない」（ibid.）と明言する。それゆえ、ノエマ的本質は、生を構成する多様な性格のそれぞれを、眼差しの前で提示 présentation しつつ、生の実在に変様を加える、この意味で re-présentation と考えられる。「思惟作用のノエマ的本質の中では、パトスは決して空虚な意味以外ではない」（p.126）。やはり関係づけ、むしろ意識の志向性が問い直されなければならない。

フッサールは「重要な意味で意識を性格づけ、同時に、あらゆる体験の流れを、意識の流れと意識の統一として性格づけることを許可するのは志向性である[27]」と述べつつ、この言葉に先立って、意識と実在の間には意味の深淵があることを、「一方では、素描され、決して絶対的には与えられ得ない、純粋に偶然で相対的な存在があり、他方では、原理的に素描や外観では与えられない必然的で絶対の存在がある[28]」と指摘する。また、フッサールが意識の志向性の二つの区別を、ブレンターノから踏襲していることは明らかで、「体験の中では、主観的に方向づけられた面と、客観的に方向づけられた面とを区別しなければならない[29]」と明言している。結局のところ、論点は両者のどちらに優位が置かれているのかで、次のように言われる。「すべての志向的体験は、そのノエシス的契機により、まさにノエシス的体験で、その本質は、体験の内に《意味》という何らかの事柄を秘めていることである[30]」。そして、「ノエシス的契機は、たとえば、意味が与えられることで、moi により目指された対象の方向への、moi の眼差しの転回である[31]」。

確かに、第一志向に優位が置かれていると考えられるが、いくつかの留保が必要であろう。はじめに、眼差しが対象に向かうのは、あくまで対象が意味に位置を占める im Sinne liegt からで、知覚がもたらすノエマは、最下級の zu unterst 知覚の意味 Wahrnehmungssinn、対象は思惟対象 cogitatum にすぎない。この点は、「知覚として、あらゆる志向的体験はその《志向的対象》、つまり客観的意味を持ち、まさにこのことが志向性の根本的要素を構成する[32]」と述べられている。次に、「ノエシスは対象に関係づけられ、《内容》を有し、内容という《手段》により対象に関係づけられる。このことで、対象はノエシスの対象と同じである[33]」と言われる。フッサールはノエシスの《内容 Inhalt》を介して mittels 与えられる対象を、ノエシスの対象と考え、これを Parallelismus と呼ぶのであるが、この立場はすでに、「ノエシスはその内に、意識の相関項である限りのノエマを携え、志向性は何らかの仕方で、ノエマ的な志向性の路線 Linie を通過する[34]」と明言されていた。

フッサール自身は現象学の定義を明確に行っている。「現象学は実際には、自然的世界の総体と現象学が局外に置くすべての理念的世界を包み込む。それは《世界の意味》である限りの理念的世界を、対象の意味と一般にノエマを、ノエシスの閉じた体系に結びつける形相的法則と、特に、相関項である《現実の対象》を持ち、この対象は、次に結果として、一つの目的論的統一を示す意識の配置という完全に決定された体系にその都度差し向けられる指標 Index を表現するという、合理的に秩序づけられた形相的結合によって包み込む[35]」。この定義で印象的なのは、やはり現実の対象を意識の配置という体系に差し向けられる指標と理解している点であろう。一方では、意識の第一志向の優位を思わせつつ、他方では、ノエシス、翻っては思惟作用つまり cogito の明証性に要の石が置かれている。

Ⅵ　パトスの復権

すでに、matérielle な現象学は、フッサールの cogito の明証性に基礎づけられた現象学に対する批判という意図を明らかにしていると思われるが、アンリはパトスに言及して、「思惟作用のノエマ的本質の中では、パトスは結局空虚な意味にすぎない。はるかに、パトスが奪われた固有の実在は、まさに最も本質的な現象学的性格、つまりパトスが自ら成就する現わし Révélation という事実で、このことは、パトス自身と同様に、すべての存在する事柄に関わる」（p.126）と指摘する。アンリの立場では、出発するべきは、純粋にして明晰な視覚ではなく、むしろ情念的な生で、この意味で現象学の方法は反転を必要とする。また、情念的な生は、その auto-révélation pathétique という性格により、生きることとの原初的な知となる。「現実の体験のそれぞれの実在する特性は、根源的にそれ自身に現れ、その内に、それが存在することとの最初の知を携えている」（p.128）。この最初の知から、体験に固有の様態にしたがって、眼差しは自らの前に、思惟作用のノエマ的本質を構成する内容を置く。

アンリの発想はおおもとで、体験 vécu、生きる vivre、生 vie という根源への遡及に基づいている点は明らかで、現象学の基本的命題として、「《すべての現実の体験は、成就される間に、視覚と純粋な把握の対象となることができる》」（ibid.）という言葉を取り上げ、「《成就される間に》は、後に眼差しの前に置かれ、承認され得るような事柄の根源的な auto-révélation を示している」（ibid.）と述べている。一言では、現象学の方法は、絶対的な主観性という意味で、超越論的な生の自発的な説明、自発的な客観化に立ち会う姿勢と考えられる。アンリの auto という言葉での自発性の強調は、生の現象性を基礎づけるのは、外部という可視性の中の表象ではなく、体験が成し遂げられること自身、生の l'Archi- révélation であることを示唆する。

パトスの復権の一つの意図は、現象学の方法の反転にあるとするなら、もう一つの意図はロゴスの見直しにある。この時、「すべての言葉 Parole は生の言葉で、この言葉の中で示され、明らかにされるのは、生自身であり、言う le Dire は絶対的主観性の auto-révélation pathétique である」（p.131）と述べられる。アンリによれば、生の言葉は、言葉が語ることの内で、語る内容を示しつつ見させる（理解させる）faire voir。しかし、この faire voir は眼差しの前に置くという意味ではなく、あくまで概念的あるいは表象的理解に先立つ、可能な地平の外での現れで、この《言葉が語ることの内》は、情念的な肉 chair pathétique と呼ばれる。そして、後者については、「苦悩 souffrance、《漠然》である限りで、自らには《明晰》という、つまり苦痛である限りでその情動の中で、自らに、自らによって現れた苦痛 douleur」（ibid.）と言及する。もし、思惟作用は cogito に基づき、その眼差しの前に対象を置くという目的で対象に向かうことに先立って、生の auto-révélation に立ち会うのであれば、このような思惟作用はギリシャ以来のロゴスを逃れてしまう。では、アンリの言う「思惟作用自身である生の根源的なロゴス」（p.132）とは何か。明らかに、ロゴスが純粋な現象性に基づく場合で、現れがその現実の中で現れ自身に至るような道であろう。このロゴスと現象との一致を明らかにするのが matérielle な現象学で、ここに位置することにより、「純粋な現象性という現象学的な素材性、つまりその現象学的な現実化のどのように Comment の中に、現実化が現れる仕方、その語りの本性、それゆえロゴス自身の本質を認めることができる」(ibid.)。生は l'Archi- révélation にして、ロゴスはそこに至る道という意味で、道は真理で、真理は道と言える。

　アンリの思索を根底で支えているのは、たとえば l'Archi-donation、auto-donation、auto-impression 、Affectivité transcendantale という言葉で表現される la donation pure という視点であり、この視点は、眼差しの前で距離の中に対象を置く、《見る》ことの優位[36]に対する批判を含意している。なぜなら、《見る》

はそれ自身では見られ得ないからで、ギリシャ以来のロゴスは根源的な現象には外的である。「φαινομενον の中へのロゴスの住み着きは、生の言葉に何ら比較対象をもたらさない」(p.133)。アンリの立場では、生の言葉がロゴスを基礎づけ、可能にする。言葉を換えれば、パトスという不可視が《見る》の背景となっている。

Ⅶ パトスの共有

現象学での志向性を問い直す、この作業で避けることができないのは他者という問題で、フッサールは「超越論的 moi という基礎の上で、alter ego[37]が明言され、現れるという、明示的にして暗黙な志向性を説明しなければならない[38]」と述べている。明らかに、他者は志向性を通して私にもたらされると考えられているのであるが、アンリはここでもまたその主導動機にしたがって論を進めていく。「他者が私の経験に入り込む。これは、志向性が投企されるのは始原的な外部で、志向性が見るすべての事柄に達し、それを理解するのは明るみの場である、このことを言おうとする」(p.138)。あらためて言うまでもなく、私の経験の中の他者は現実の他者ではなく、思惟の中での思惟された他者、つまり他者というノエマ、一つの意味に還元された他者に他ならない。「何はともあれ、私の経験の中にあり、そのノエマ‐存在的内容 noematisch-ontischen Gehalt の深化の内に見出す他者に、——中略——私は超越論的な《導きの糸 Leitfaden》を持つ[39]」。この言葉を敷衍すると、超越論的であるのは、他者の経験の可能性を決定するからで、この意味で、他者は構成される。また、ノエマ‐存在的なのは、他者は志向性により、現実存在ではなく、現実存在であることの意味として与えられるからである。

アンリはやはりその意図にしたがって、「超越論的、いわば他者の構成という理論は、実際は客観的世界についての超越論的理論の一片にすぎない」（p.139）と指摘する。他者の構成あるいは経験は志向性に基づく限りで、《始原的な外部》や《明るみの場》、まさに世界という地平を不可分の要素とする。「他者の超越論的経験と客観的世界の同様の経験の、互いに構成的である限りの、内密な等質性、それが究極的に両者の展望を可能にする」（p.140）。他者の現れを志向性に基づける時には、その現れは必然的に世界という地平で理解される。たとえば、フッサールは「他者は、必然的に、最初の客観化された私 erst objektivierten Ich の《志向的変様》というその意味の構成により、私の始原的な世界に現れる」[40]と明言している。これに対して、auto-impression という視点、つまり個々の私が自らの内に体験する印象から出発するなら、他者はとりわけ呼びかけと応答への欲求や感情に基づきつつ、意味の構成よりむしろ、より始原的な現前と不在、喜びと悲哀、愛と憎しみといった情動により現れる。アンリの言葉では、「他者との生、ともにあるパトス、あらゆる形式の下での共感 sym-pathie である限りの生の具体的様態」（p.140）が、他者への通路である。

ここで、志向性により理解される他者、構成される他者という発想は、他者の現れの一つの可能性、一つの説明様式、きわめて限られた体験を記述するにすぎないと考えることができる。しかし、「経験の超越論的可能性は、現象、それゆえにあらゆる想像し得る現象とその実在、現象を全体的に決定する事柄についての、現象性の根源的な現象化である」（p.141）。この可能性は現象化に他ならないという立場では、志向性により与えられる他者は、充実した現象化に至ることのない、不十分な可能性と言える。フッサールは「総体的な客観的世界の括弧づけ Einklammerung により、私は自らの ego を、超越論的 ego として獲得し、この超越論的 ego は、すべての私に客観的な事柄を、その構成的な生の中で構成する」[41]と、また「超越論的 ego の所属性 Eigenen の内部で、[42]それにより、ego は、ego に外的な存在の全体世界 Universum として《客観的》世界を、また alter ego という様式の異なる人 Fremde des Modus を構成する」[43]と述べている。auto-impression に基づく sym-pathie と Eigenen に基づく Fremde des Modus、明らかに両者には大きな乖離がある。

フッサールの alter ego の構成は、ego、より正確には超越論的 ego の自己説明や自己明文化の一つの過程、あるいはその派生で、他者は私の構成をはるかに超過する現実、私に対する厳然とした超越である点を取り落とす。このことを踏まえた上で、アンリは論を進めて、「私がする経験の中で、autrui を構成するのは超越論的 ego であるとしても、有効にこの構成で働き、この構成を実際に可能にする ego、いうなれば《作用的》ego は一つの構成された ego である」（p.146）と述べている。ego の所属性は、その身体に住み着き、世界の中で、身体を有機体にすることに他ならない。これに関連して、フッサールは「私の始原的自然(44)や世界の中では、私の身体 Leib は、有機体（機能的器官）として、根源的な仕方で構成され、また構成され得る唯一の物体 Körper であり、他の物体——けれども同様に有機体として把握される——は、この意味を私の固有の身体からの統覚的転移から von einer apperzeptiven Übertragung 取得する(45)」と言及する。

私の Körper から Leib への移行は、構成によると理解される時には、他者は当然に同じ仕方で構成される。フッサールはこの点を、「私の始原的領域の内部で、他の物体と私の物体を結合する類似 Ähnlichkeit は、《類比により analogisierende》、前者を他者の身体として把握するための動機となる基盤 Motivationsfundament をもたらすことができる(46)」と明言する。たとえば、Cartesianische Meditationen の §51 の表題は、「他者経験の連想による assoziativ 構成要素としての《組み合わせ Paarung》」となっていて、すでに使用されている類似、類比に、連想や組み合わせという言葉が加わる。一言では、他者は私の感情移入 em-pathie の対象で、sym-pathie に基づく《ともにある生 vie-avec》ではない。アンリは「もし、組み合わせはその意味を交換する二つの事物の間の連想と類似の統一であるなら、他者の経験で、この経験の原理として機能するために、何を必要とするのか」(p.148) と疑問を呈している。

アンリの立場では、私の所属性の領域という世界の中で、客観的形式の下で現れる精神 - 身体的な moi は本来の Ego[47] の失墜で、「所属性の始原的領域で、それ自身対象という、他者の身体――組み合わせの中で、またそれにより有機体となる身体――との連想的な組み合わせの軸として機能するのは、この所属性の始原的領域の内側にある内 - 世界的 ego である」(ibid.)。この見解は、フッサールの次の言葉で裏づけられる。「根源的に現前し、証明し得る事柄は、私自身がある、つまり固有に私自身に帰属することである。始原的に充実されない経験、根源的に与えられないが、間接に結果的に証明される経験という基礎づけられた仕方で経験されるのは《他者》である」[48]。内 - 世界的 ego にとっては、他者は私に所属することの類比物として als Analogon von Eigenheitlichem 考えられるにすぎない。

構成された ego、内 - 世界的 ego は、Ego の根源的な存在の失墜であるという批判は、同時に身体の理解に向けられる。「ego と身体は、他者の経験の中で、経験を可能にすることで機能するのであるが、両者は構成されている限りで、このような経験は実際には完全に偽られている」(p.149)。フッサールにしたがえば、他者の具体的で現実の経験は、私の現象学的領域に帰属する超越論的事実であり、この意味で、身体は《組み合わせ》の中で表象されるにすぎない。これに対して、アンリは「他者を経験するのは、私の根源的身体[49]で、感性のための身体ではなく、感性自身である」(ibid.) と指摘する。このような身体は、表象以前にして表象の外部にすでにある déjà là と考えられる。

フッサールの発想を端的に示しているのが、Appräsentation[50] という用語で、接頭辞 ap が間接的、構成的という性格を明確に示している。たとえば、次のように述べている。「他者として appräsentiert の Ego がある[51]」、あるいは「共現存 Koexistenz の中での根源的な両立不可能は、次のことで両立可能となる。つまり、私の根源的Egoは、appräsentativeな統覚を通じて、自らに対して他のEgoを構成する。このappräsentativeな統覚は、固有の意味により、現前による充実を要求せず、許容しない[52]」。ここで言われるAppräsentationは、有機体という私の身体の意味を他の身体に連想的に転移した結果で、「他者経験の充実し、確証された進展は、ただ総合的に一致して進行する新たなAppräsentationを通して生じることができる[53]」と明言される。他者経験はAppräsentationに基づき、Appräsentationはその実際の価値を現前Präsentationから借り受ける時には、他者のegoはego自身に、身体はその感性に与えられるというla donation pureは、私の直接的知覚を逃れる。

他者自身の志向的知覚は原理的に不可能という判断にしたがって、アンリは「このような不可能性は、当初から、他者は他者であるではなく、他者は一つのego、絶対的主観性であるということの結果」（p.151）と言及する。アンリの理解している根源的ego（Ego）は、もとより志向的ではなく、印象的に把握される。この立場からすると、フッサールはEgoに私の所属性の現象を置き換えている[54]。結論として、「私が他者とともにある生き生きとした情念的な相互主観性、つまり一人称の相互主観性は、一つの事物、その《心理的》性質は、事物存在に連想される非実在的な意味でしかない死せる事物の経験に場所を譲る」（p.152）。ここで言われる一人称の相互主観性は、生という基礎あるいは根源への共通の所属性により特徴づけられる主観性であるなら、その現れは互いの間で生じる情動であり、知覚による現前ではない。知覚は、「フッサールにとり、存在に至る原理にして範型」（p.153）という視点では、少なくとも*Cartesianische Meditationen*のV Meditationは「他者に適用された知覚の現象学」（ibid.）に他ならない。これに対して、アンリが提言するのは、パトスの共有という他者を与えることのできる、いわば情動の現象学で、この意図は次のように説明される。「他者を他者として志向的に把握する以前に、その身体の知覚以前に、それとは独立して、他者の現実の存在という意味でのあらゆる他者経験は、情動の形式の下で遂行される」（p.155）。他者に至る通路は、ノエシス - ノエマの図式による現前という様式ではなく、生自身の中の la donation pure である。

おそらく、《他者に適用された知覚の現象学》を基礎づけるのは《モナドの現象学》であろう。たとえばⅣ Meditation では、「具体的なモナド的 Ego は、全体である現実的と可能的な意識の生を包括している」[55]として、「明らかに、このモナド的 Ego の現象学的明文化[56]という問題（その自らにとっての構成という問題）は、一般に、あらゆる構成の問題を包括しなければならない[57]」と述べられる。モナドの構成（自らによる）が現象学で、この発想を支えるのが、「志向性が働くことができるのは、ただ所属性の領域の内側、最初の外部の中だけである」（p.156）という確信である。アンリはこの点について、「フッサールの文献での、ライプニッツ的含意[58]をともなうモナドという用語自身の介在は、根源的 Ego の、志向性による、つまり結局は表象の形而上学の中での定義の帰結である」（pp.156-157）と批判する。もとより、生は自らを隔たりに置き、自らを逃れ去るとは考えられないのであり、エンテレケイア（ἐντελέχεια）ではなく、「生は自らにとって、最大の危険である」（p.157）。アンリの立場では、他者経験を身体の客観的知覚から出発して記述する時には、つまり他者の志向的構成は、他者経験の究極の動機にして可能性に他ならない相互主観性であるパトスを取り落とす。それゆえ、志向性に基づく現象学的記述は、少なくともこの場合には、《事象それ自身》に達していない。

Ⅷ　communauté

相互主観性はパトスという視点を確保した後に、問われるのは共同体で、アンリは「共同体は生と呼ばれる」（p.161）、あるいは「共同体の本質は生で、あらゆる共同体は生きる人々の共同体である」（ibid.）と述べている。ここで言われる生が、たとえば一つの事物、特定の性質を備えた存在者等を意味するのではないことは明らかで、現象学は事物や存在者の与えられ方、現れに関わるという主旨にしたがって、論考は生の顕現へと向かう。「生は自ら自身を体験し、この直接に、隔たりなくして自ら自身を体験するという純粋な事実以外の何事でもない限りで、絶対的な主観性である」(ibid.)。また、「生は soi の試練で、このような試練は現実となる時以来、根源的な意味で特異で、必然的にあらゆる他の事に還元不可能な経験、試練である」(p.162)。したがって、共同体を構成する生きる人々は、絶対的主観性として理解される。

アンリは論を進めて、「直接に自ら自身を体験するという純粋な事実である限りの絶対的主観性の本質は、同一的に ipséité[59] の本質である」(p.163) と指摘する。この ipséité という言葉は、共同体の中で個人を区別するための、職業や年齢、出生地などによる本人の確認、いわば外的な同一性を意味するのではない。作用すると作用を受ける、このパトスの両側面の auto-affection の中での同一性で、アンリはこのような同一性を個体性の原理とする。個体性の原理を ego -cogito ではなく、auto-affection に置く立場では、共同体と個人との対立、両者の間の階層秩序を考える必要は回避される。なぜなら、対立や階層秩序という発想は、他者を alter ego として構成することから生じ、ipséité は志向性では捉えられず、共同体は共感に基づくからである。

ところで、共同体の成員は生きる人々であり、その本質は活動にあるとするなら、「あらゆる活動の可能性の条件と本質が住まうのは、生の絶対的主観性の根源的内在性、つまり soi との非 - 差異化の中である」(p.173)。この点は次のように説明される。「どのような力も、まず soi を持ち、すべての距離に置かれることを追放する直接性 - 生の中で自ら自身を体験するのでなければ、可能ではなく、活動し得ない」(p.174)。この生の試練が、まさにアンリの主導動機である、非 - ギリシャ的 non-grecque、あるいはギリシャ以外の仕方 autrement que Grèce による現象性の探求に照応する響きに他ならない。そして、生の試練の内在性と直接性は、「生きる人は自らが基礎づけられるのではなく、生である基礎[60]を持っている。しかし、この基礎は生きる人と異なっているのではなく、auto-affection で、その内で、生きる人は s'auto-affecte し、この仕方で、auto-affection と同一化する」（p.177）と述べられる。結論として、共同体はパトスの存在根拠と同時に認識根拠であると考えられる。

第二章　世界と世界以外

Ⅰ　現象学の神学への道

アンリの matérielle な現象学の構想は、auto-affection や la donation pure といったフッサールには見られない考えを提唱することで、現象学の新たな可能性を切り開くと思われる。この時、おおもとにあるのは、可視性に基づく世界という自明とされる前提に対する批判で、それゆえに、アンリの現象学は《不可視の現象学》と呼ぶことができる。他方で、根源的現象を生[1]と理解し、その具体的な現れであるパトスを cogito に代わる出発点として、《パトスの現象学》を展開する。しかし、不可視と生、そしてパトスの十分な記述は、少なくとも Phénoménologie matérielle では行われていない。より一層の論の進展が必要で、この要請が神学へと向かわせる。

神学へと進むにあたって、まず「キリスト教の真理は、自ら救世主といったその人は真にこの救世主、キリスト、アブラハムの前に生まれた神の子であったということである[2]」と、また「キリストの驚くべき事実や行為、キリストに仕える神秘的な同伴者や女性たちは、聖書の文献によって知るだけであるが、この聖書は、これらの事実や行為は、その通常でない性格にもかかわらず、現実に生じたという限りで真実である」（p.15）と述べられる。神学の領域で議論をするための、最も基本となる事柄で、この確認なくして議論は成立しない。しかし、最初の確認とは言っても、すでにアンリの《可視性に基づく世界とは異なる仕方》という主題が秘められている。この点は、別の言葉で次のように示される。「真理への、つまり新約聖書が語る絶対的真理への接近を可能にするのは、新約聖書の文献集ではなく、反対に、真理自身と同時に新約聖書に接近させ、真理が散りばめられた文献の理解と文献での真理の承認を可能にするのは、唯一この真理である」（p.17）。新約聖書は真理の auto-révélation、auto-donation に他ならない。

ところで、すでに Phénoménologie matérielle で指摘されたように、ギリシャでは、事物は現象と言われるにしても、現象の語源であるφαίνω の意味は光へと運ぶであって、現象とは明るみ到来しつつ現れることである。この解釈はハイデガーの踏襲[3]で、ハイデガーは「ギリシャ語のφαινόμενον は、そこから《現象》という用語が由来し、動詞φαίνεσθαι から派生する。この動詞は自らを現わすことを意味する[4]」としつつ、「φαίνεσθαι 自身はφαίνω の中動相で、明るみに出す、光の中に置くという意味である[5]」と明言している。アンリはここから論を進めて、「現象の資格で、自らを現わす（現れる）ために事物が到来する光は、世界の光であり、世界は事物、存在者の総体ではなく、事物が現象の資格で自らを現わす（現れる）光という地平である。それゆえ、真理であることではなく、真理自身を示す」（pp.23-24）と指摘する。

ハイデガーの解釈を引き受け、自らの問題意識をより一層展開する時に主題となるのは、世界とともに外部で、「前に置かれるという事実、それはまさに外部に置かれるという事実で、このような外部は世界である」（p.25）と述べている。アンリの用語《世界という真理》は、「現れ、意識、真理は世界、《外部》である」（ibid.）を意味し、この場合に意識は、世界と理解された真理を表現する働きに他ならない。「結局、世界という真理を、意識から、あるいは世界から出発して理解するということは、両者では、自らを現わす（現れる）、真理、現れを可能にするのは《外部》であるなら、ほとんど重要ではない」（ibid.）。ここで、アンリは世界あるいは外部の解明へと向かう。なぜなら、世界や外部は、それが現れを可能にする事物とは直接の関係を持たず、真理（現れる事柄）と真理自身（世界）という真理概念の二重化が生じるからである。

アンリは端的に明言する。「《世界という真理》は以下のこと以外ではない。つまり、可視性の地平という《外部》の auto-production で、その中で、またそれにより、あらゆる事物は可視的に、それゆえ《現象》になることができる」（p.27）。auto-production はまた auto-extériorisation で、世界の可視性はここで形成され、auto-extériorisation というまさに外部の外部性は、正確には「時間と呼ばれる」（ibid.）。地平という意味では世界と時間は同一で、地平は過去、現在、未来という三つの次元で展開し、「世界の可視性、真理を作り上げるのは時間の三次元の地平で、すべての現れる事柄が時間的として可視的になるのは、この地平に基づく」（p.28）。アンリの世界や時間についての記述の意図は、一言では、外部 au-dehors は自らの外部 hors de soi に他ならない点で、外部は単純に場所を意味し、事物の移動を示すのではなく、むしろ事物自身の変質を含意する。世界の中で、事物は soi の外に投げ出され、その soi にとっての固有の実在性を奪われる。

また、時間は移行にして、無への滑降で、時は過ぎ去る tempus fugit。[6]「時間の中では、事物は現れに到来する。しかし、この現れに向かう到来は外部への到来にある限りで、事物が《外部》の明るみに立ち現れるのは、ただ自らから引き抜かれ、その存在を空虚にし、すでに死せることによる」（p.29）。《世界という真理》は事物の現れの法則で、この法則にしたがえば、現れ、自らの外部、そして事物自身の外部、これらはすべて同一で、現れは欠損と考えられる。「破壊と死は、その攻撃に先立って現実に存在する何らかの実在に事後的に働く時間の業ではなく、現れの法則自身として、すべての時間の中に現れる事柄をアプリオリに襲う」（p.30）。したがって、神学への道は、この世の過ぎ去ることを離れ、ギリシャ以来の哲学や科学が理解した真理とは異なる方向、世界以外の仕方 autrement que monde を探ることである。

Ⅱ　真理の異なる理解

キリスト教の真理、あるいは信仰の真理は、世界の真理と同様に現象学的に論じられ、現れる事柄より現れの事実、現れの仕方、一言では、現れ自身が問われることになる。しかし、前者では、「真とするのは、その固有の展開での真理自身で、明らかにするのは、自らを明らかにする限りの明示で、顕現するのは、自らを顕現させる（顕現する）啓示である」（p.35）。他方で、後者は外部にあり、そこでは、すべての現れる事柄は対象や存在者と考えられ、この場合には、真理は対象、存在者を外部に置くことで、真理と現れる（真理自身が真とする）事柄との間に差異が生じる。

アンリは「キリスト教の真理は、それが真とする事柄と何ら異なることがない。これが最初の決定的な特徴である」と指摘する。キリスト教の真理は、すでに言及された auto-révélation の最も顕著な例で、現象性は自らの現象化で、その固有の現象学的実体は、どのような形であっても《以外》を必要としない。キリスト教は「神は soi 以外の何も顕現しない純粋な啓示[7]で、神は自らを顕現する。神の啓示はその auto-révélation である」（p.37）ことを本質とする。また、神の啓示は言うまでもなく人間に向けられるのであるから、啓示は人間への auto-révélation の分有という賜物と考えるなら、この auto-révélation の分有がもう一つの本質で、これらの二つの本質は、世界という地平とは全く異なる視点を要求する。やはり問われるのは可知性であろう。

ところで、一般に思惟は世界に向けられ、可知性は可視性に他ならず、現象学の方法が目指す明証性（évidence）は evidens 、つまり videre（見る）で、「あらゆる認識の獲得が構成されるのは、見ることの中と見ることによる」(p.38)。キリスト教の真理を理解するという試みは、世界のすでにある開示を前提とする思惟の眼差しと原理的に相反する。ここで、アンリは次のように述べている。「思惟、認識と学のあらゆる形式へのキリスト教の真理の還元不可能性は、キリスト教自身の主要な主題の一つである」(ibid.)。この難問の解決の糸口は、やはりauto-révélationのautoに着目することで、「通路が作られる可能性があるのは、このauto-révélationが生じる場所と、生じさせる仕方だけである」(p.39)。神は自らに他ならない現象性の現象化、auto-phénoménalisationであるなら、世界に向けられる思惟は一時停止、括弧づけが求められる。そして、このようにして遭遇するauto-révélationの場所と仕方は生にあり、生はauto-révélationの事実である。

　アンリの生という考えは現象学の領域では要の石と言えるが、同様に神学の領域で最も重要な役割を演じる[8]。「**生**のある至る所に、auto-révélationが生じる」(p.40)。生は根源的な現象であるとともに、世界とは異なる真理への通路で、キリスト教の基本は、神は**生**あるいは**生**の本質で、**生**の本質は神という発想で、この点については、「**生**は神の本質を構成し、神と同一であるという断言は[9]、新約聖書の中では疑う余地がない」(ibid.)と言われる。アンリ自らが指摘しているように、ヨハネによる福音書の冒頭は、「成ったもので、言によらずに成ったものは何一つなかった。言の内に命があった。命は人間を照らす光であった[10]」で、確認すべきは、神の本質は**生**であって、存在ではないことであろう。存在という概念は、まさに世界に関係づけられ、世界の現れ、その意味で世界を照らす光で、キリスト教の真理とは異質と考えられる。

　神の本質は生であるなら、**生**の本質はauto-révélationで、「生の本質が問題となる時には、auto-révélationは、一方では、révélationを完成し、顕現させるのは生であること、しかし他方では、**生**が顕現させるのは**生**自身であることを言おうとする」(p.42)。それゆえ、世界が外部である限り、**生**と世界は根源的に異質で、前者は顕現させる事柄を soi の内に保持し、後者は投企する。「生は隔たり、差異なくして自らを抱擁し、自らを体験する」（p.43）。アンリの現象学から神学への移行は、生 vie から生 Vie へと、最も根源となる現象を遡及的に探究する試みで、この試みを支えるのが世界とは異なる真理という考えに他ならない。この点は、次のような発言が明確に示している。「実在、すべての可能な実在は、生の auto-révélation の中で起こる」（ibid.）。この言葉での実在は、世界という地平で理解される対象や存在者でないことは言うまでもなく、キリスト教が現実を逃避しているという非難は、世界とは異なる方向を向いているという意味では正しい。しかし、世界とは異なる真理あるいは実在を注視している事実を見落としている。

生がアンリの思索を支えているという確認の後に必要なのは、生と関連するパトスや情念を総合する chair[11] という考えの検討で、「生の内実、それが体験すること、生それ自身は、より基本的な一つの条件、《生きる》の本質自身 - その特殊な現象性はパトスという chair で、あらゆる分裂、分離は根源的に取り除かれる純粋な情動的素材 matière affective pure であるような révélation の様式に差し向けられる」（pp.43-44）。révélation の様式、純粋な情動的素材、そして chair は生の根源的現象で、「生がするような自らの体験は soi の享受である」（p.44）と言われるように、これらは、世界の中での隔たりによってもたらされる対象の享受とは異なり、直接性あるいは自発性を特徴とし、いわば形式や構造の手前に位置するまさに現象に他ならない。それゆえ、生の auto-révélation は自己の自己による自発的享受という意味で auto-jouissance で、auto-jouissance は生きることの本質と同時に、神の本質を定義する。

ここで、一つの問題を提起すると、アンリの生から生への遡及は、また後者から前者への前進をともなう必要があり、被造物の生は創造主の生の分有という視点が求められる。たとえば、創世記1、26の「神は御自分にかたどって人を創造された[12]」という記述は、多様な解釈の中の一つの可能性として、生の分有という賜物を意味していると思われる。アンリ自身は「キリスト教では、神は愛であり、愛は、情念的にして現象学的な本質、つまり絶対的**生**の auto-jouissance の中で理解された神の auto-révélation 以外ではない」(ibid.) と述べているのであるが、ヨハネの手紙1、4、16「神は愛です[13]」は ὁ θεος ἀγαπη ἐστιν で、「神の愛は、神が自らを永遠に自ら愛するという無限の愛」という解釈は一面的であろう。**生**の auto-révélation は啓示 Revelation として、**生**の生への分有である限りで啓示であり、神の愛を auto-jouissance に限るのであれば、ἀγαπη の意味は失われる。

Ⅲ　キリスト教の立場から

すでに明らかなように、キリスト教の比類のない独自性は、現れはそれが明らかにする事柄を現わすという、ギリシャ以来の西洋の思惟の伝統（現れは外部への現れ）との断層に由来する。やはり問われるのは、このような現れの理解の仕方、言葉を換えれば、現象学的な記述と思われる。アンリは次のように述べている。「感性を遠ざけることは、キリスト教の真理を定義し、感性はその様態でしかない現象学的生を遠ざける。なぜなら、感じるは、《自ら自己自身を体験すること》と、**生**がその本質である根源的な auto-révélation が支配する場所でだけ可能である」(p.51)。アンリの現象学では、ロゴスよりむしろパトスに重きが置かれる、この特徴の具体的な例示が感性の復権で、確かに、ギリシャ以来の西洋の思惟の伝統は、多くの場合に、可感的性質の軽視を方法上の公準としてきた。しかし、同時に見失われたのは、個々の生きる人々の内的体験、生きるという事実、翻っては生の auto-révélation、キリスト教の真理である。

感性の復権が求められるのは、まさに、「自ら自己自身を体験する現象学的生、喜び、苦悩、欲求、恐れ、何より最も慎ましい感覚のそれぞれに住まう人間の生、それが人間の帰属する哲学的、文化的伝統の最大の不在者である」（p.57）からで、生の本質が隠される時に、生きる人々の考察が台頭する。アンリは「人間の本質を定義しようとする現存在 Dasein は、本質的に世界への開示、世界内存在 *In-der-Welt-sein* であるので、生は世界という真理の中でだけ接近可能である」（p.61 強調は原文）と指摘する。この言葉は、明らかにハイデガーを念頭に置きつつも、現れを世界の中、真理を外部への脱自と考えるあらゆる立場に向けられる。あまねく真理は世界という可視性の地平に還元され、生は外部の明るみに現れる一つの存在者と見なされる。これに対して、「始原の啓示は、現れ、それゆえ存在を賜ることで、あらゆる事物を無から抜き出し、何よりも、事物、世界に先立ち、世界に何も負わない紐帯、生という名以外の名を持たない絶対的 auto-jouissance の中で、自ら自身に現れる（自らを現わす）」（p.67）。当然に、神の本質に対応して、人間の新たな理解、生から出発する定義、一言では生きる人という発想が求められる。

アンリは人間の新たな理解を論じるに先立って、ハイデガーの言葉を引用する、「生の存在論は、欠如的解釈の道によって auf dem Wege einer privativen Interpretation 遂行される。それはもはや生でしかない何らかの事柄が存在し得るための、あるべきことを定義する」[14]。この生への否定的あるいは消極的な姿勢、実際には、現存在の特権化の裏返しに対して、次のように主張する。「生は人間以上である。つまり古典的思惟の見地での人間性の行為、ロゴス、理性と言語より上である」（p.68）。ここで言われる《人間》や《人間性》が現存在を含意していることは明らかで――「生は生きる人以上である」（ibid.）、少なくともキリスト教の立場では、出発点は生、auto-révélation である限りの神であって、現存在ではない。したがって、キリスト教の中心となる課題の一つは、生と生きる人との関係で、アンリは「このような関係は、生の観点から生成、生きる人の観点から誕生と呼ばれる」（ibid.）と指摘する。前に提起した imago Dei や ἀγάπη の問題に解決が与えられることになる。[15]

すべての生きる人は生により生じる、これは創造主と被造物との関係で、特に論題とはならないのであるが、見落としてはならないのは、「生が生成を完成させるのは、生が自らを自身で生み出すことができる限りである」（ibid.）という言葉で、神はあくまで auto-génération や auto-engendrement と理解されている。それゆえ、「生と生きる人との関係は、神の内部で働くのであるから、この関係は生の auto-génération のただ中で、最初の生きる人 Premier Vivant の生成として生み出される」（pp.68 -69）。また、「この関係は、もはや神と神自身との関係ではなく、神と人間との関係に関わる」（p.69）。この時に、神と人間との関係でして Premier Vivant となるのが、神の子 - イエスであり、絶対的な生、言葉を換えれば auto-engendrement として Premier Vivant を生成させるのが父である。

明らかに、この記述は大きな難点を含んでいる。なにゆえに、神と神自身との関係は、神と人間との関係に移行するのであろう。たとえば、マリオンは Richard de Saint-Victor の *DE Trinitate* Ⅲ, §2 から、「善性の充実は、愛 charité の充実なしにはあり得なかった。また、愛の充実は神的位格の複数性なしにはあり得なかった[16]」という言葉を引用しつつ、「神では、他者性は内へと拡がり、人間では、外へと向かうことを除外すれば、すべての一者の哲学に反して、他者性は人間以上に神を本質的に性格づけることが明らかとなる。いずれにしても、愛することは、soi 以外を愛することを仮定している[17]」と述べている。アンリの立場では、すべてにわたって《auto》が強調されることで、《愛することは、soi 以外を愛することを仮定している》という視点が示されない。他方で、マリオンは「愛が拡大するのは、ただ交換し合うだけではなく、意志を通じ合う、一体性 communion となることによる[18]」と指摘する。アンリが communauté を論じるとしても、communion に言及しないのは、やはり同じ理由による

キリスト教が生あるいは命と生きる人との関係を重視し、この関係は神の内とともに人間の内にある、

アンリの見解は何ら問題がないのであって、指摘されるべきは、神の内と人間の内、この両者の必然的な紐帯が論じられていないことであろう。この点を踏まえた上で、「どのようにして、一連の《教義》で喚起される神の神秘的生は、人間の内に同じような効果を生じることができるのか」(p.71) という問いに向かう必要がある。はじめに、神秘的という言葉の含意で、「神のあらゆる合理的な表象、より強い理由で、すべてのその現実存在の証明は原理上背理である」(p.72)。ギリシャ以来の思惟とキリスト教との断層という基本的な了解は、いわば通奏低音で、「証明は《見させる》、不可避の明証性の光の中で、世界という可視性の地平の中で見させるであり、この地平では生は決して現れない」(pp.72-73)。他方で、auto-révélation はまさに主導動機で、「自らの内で到達するのは、**生**自身で、これが正しくも生の最初の現象学的接近、つまり真理という定義、あるいはむしろ**生**としての**真理**[19]の定義であった。生は auto-révélation である」(p.73)。一言では、生きる人が**生**に到達し得るのは、神の啓示に他ならない**生**の auto-révélation に同化することによる。

アンリの思索の主調はやはり現象学で、この観点では、生は存在するのではなく到来し、到来し続ける一つの運動、生は自己の内での到来、自己の享受という運動、auto-génération と考えられる。ここで、「体験すると体験される、この同一は l'Ipséité[20] の根源的本質である」(p.75) と言われる。auto-génération は、言葉を換えれば、自らを自ら体験する、感じるであって、この現象性の現れ（現象化）がパトス、その位置が chair であるなら、l'Ipséité は auto-génération の条件にして、auto-génération が遂行される仕方に他ならない。そして、l'Ipséité の概念は、次のような発言を導く。「**生**の auto-génération の過程は、その auto-révélation の過程であるから、auto-révélation がその本質的な l'Ipséité、子 le Fils の内に現象化する様式は、神自身の固有の啓示、その言《ことば》 Logos であるが、現象性は世界の現象性であるようなギリシャ的論理ではなく、現象性は生自身の現象学的実体、その情念的抱擁、享受という生の言である」(p.77)。このようなキリスト教の立場では、誕生についても、ギリシャ以来の思惟とは異なる発想が生じる。

特別に、ギリシャ以来の思惟や西洋思想の伝統と言うまでもなく、誕生は存在に至る、現れを現実にする、一言では世界への到来を意味する。キリスト教の立場では、「誕生することは、世界への到来ではない。誕生することは、生の中の到来である」(p.79)。アンリがここで他のこと以上に強調するのは、「生の中の到来が言おうとするのは、生から、生を出発する到来で、それゆえに、生は誕生のいわば到達点ではなく、出発点である」(ibid.)という視点、生は生の内で、生から出発して生きる人を生み出すという発想である。そして、この発想がキリスト教の本質の記述を可能にする。「絶対的生は、実際の、このようにして唯一のSoi自身である現実のl'Ipséitéの中で、自ら自身を体験する。この仕方で、父のauto-engendrementは自身の内に子の生成を含み、子と一体以外ではない」(pp.79-80)。キリスト教の特質は、この例を範型として、誕生を生とすべての生きる人との関係と理解する点にあると思われる。

Ⅳ　キリストという現象

神のauto-engendrementという視点での子の理解は、神と人間との関係(この関係は神のἀγαπηあるいはcharité以外には考えられないのであるが)は十分に説明されないまま、キリスト教の本質と明言される。「子の顕現は父のauto-révélationである限りで、父と子との相互の現象学的な内在性は非常に強いので、前者なくして後者、また後者なくして前者はなく、結果として、それぞれは順番に、他の条件として現れる」(pp.88-89)。したがって、キリストの現れという問い、キリストの現象学が求められる。この時、アンリは自らの主導動機、見方を変えれば、通奏低音をあらためて確認する。「世界の中、その《外部》という外在性では、どのような《生きること》、それゆえ生きる人も可能ではない」(p.92)。また、「生を与えることは、生自身が可能で、生きる人は誰もそれができない。生を与えるのではなく、自らの内で生を常に仮定している」(p.95)。アンリの立場では、生きた神という表現は、たとえば現に活動している、作用を及ぼしている神より、むしろ生を与える神を意味し、神の第一の名は存在ではなく、生であり、永遠に自らが自らを生み出す生以外ではない。

キリストの現象学は世界とは異なるキリストの条件、言葉を換えれば、世界とはまったく外的な auto-engendrement に基づく co-engendrement という現象の探求で、世界の中で理解される誕生、家系、時間の系列などは括弧に入れる必要がある。アンリはこの点を次のように説明する。「何ら真の父（**生**）は、世界の中の見ることに服従しないのであるから、この世界へのキリストの到来は――キリスト教の命題と言われる説によると――人間に真の父を明らかにし、この真の父と真の**生**を忘れ、世界と世界の事物のためにだけ生き、このような事物にだけ関心を持ち、ただそれによる救いを期待している人間の救済を目的としている」(pp.103-104)。人間に救済を提起するキリスト教が現象学の領域内にあるのは、その宗教的な意味が、キリストを通してその父を、[22] やはり一つの現れの事実である世界と人間に対して明らかにするという理由による。

しかし、なにゆえにキリストは世界に到来したのか、言葉を換えれば、神はどのような理由で人間を救済するのか、この点が避けることのできない問題となる。たとえば、ヨハネによる福音書15、9「父がわたしを愛されたように、わたしもあなたがたを愛してきた。わたしの愛にとどまりなさい」[23] は、καθὼς ἠγάπησέν με ὁ πατήρ κἀγὼ ὑμᾶς ἠγάπησα、μείνατε ἐν τῇ ἀγάπῃ τῇ ἐμῇ で、やはり ἀγάπη がすべてのキリスト教の現象の究極となる根拠と考えられる。当然のこととして、信仰はこの根拠に基づく。

ところで、アンリは次のように述べている。「信じることは、世界の知と同質であるが、いまだ成し遂げられない、不完全で、それゆえ信じていることは、その実在性と真理を証明する必要があり、決定的であると示されるような、より少ない知を示すのではない」(p.108)。一言では、信仰は世界の中の真理の代替物ではなく、また見ることの不在の解消、やがて見られるであろうことへの期待ではない。「信じる、つまり見られた事柄はすでにそこにあり、問われていることを可視的にはできないまま、すでに見られている」(ibid.)。あらためて指摘するまでもなく、ヨハネによる福音書14、7には、「あなたがたがわたしを知っているなら、わたしの父をも知ることになる。今から、あなたがたは父を知る。いや、既に父をみている」と書かれている[24]。

信仰に対して、アンリの論の進め方は変わることなく、世界以外という思索を展開する。「古典的な哲学と同様に伝統的な思惟、また科学と同様に常識にとり、認識に関わる概念の適切さは、専一な仕方で、世界の現象とそれがもたらす見ることに基礎を置く。反対に、始原的な真理を[25]、ただ生に帰属し、その auto-révélation の内にある、啓示の比類のない形式――この s'auto-révéler という能力にその本質を汲み、唯一それをなし得る生――に位置づけることで、キリスト教は、あらゆる思惟の基礎が見出される現象学的概念、むしろはじめに、この思惟がそれに基づいて形成される経験の反転を実現する」(pp.109-110)。ここで言われる反転、アンリの言葉では、「現象性の基礎となる概念の反転」(p.111) からすべてのキリスト教の歴史が始まるとして、なにゆえに反転が遂行され、神は人間に始原的真理を賜ったのか。この問いには、明らかに auto-révélation では不十分で、簡潔にして端的に答えることができるのは、やはり神の愛以外にはないと思われる。

確かに、根源的に還元不可能な二つの現れの様式がある、この事実は疑うことができない。「生の中での顕現、ヨハネ的ロゴス *Logos johannique* での**生**の御言葉《みことば》の内の auto-révélation。他方では、世界の光の中にその本質を見出す、《外部》の脱自での、**ギリシャ的ロゴス** *Logos grec* の内の現れ」（p.112、強調は原文）。しかし、求められるのは、両者の対立よりむしろ調停、還元不可能性の確認による架橋で、この世界の側からの不可能を可能にするのが神の愛と思われる。アンリのキリスト観は一面的で、神の愛の実現という側面が論じられていないという批判は当然予想される。「生の auto-révélation の過程の中、そしてこの auto-révélation として、御言葉は唯一この仕方で顕現する。しかし、神の auto-révélation としての御言葉の顕現は、まさに父と子の相互の現象学的内面性と呼ばれたことである」（p.116）。この言葉が示しているように、auto-révélation が終始強調される。したがって、二つの現れの様式の対立は深刻で、「キリストが、世界に**キリスト**（救世主）である限り、神の御言葉である限りで現れるのを不可能にする現象学的難問が、キリストに接近し、キリストとして認識し、それゆえ神を認識するという、人間にとってのあらゆる可能性を遠ざけるのは、ただ人間自身がこの世界の一つの存在として理解されたままである間だけである」（p.119 強調は原文）と述べられる。

　人間は世界の中の一つの存在、このことは厳然とした事実であり、《世界以外》という視点は、この事実なくしては意味を持たない。世界と世界以外、両者の対立の過度の言及は、実際には、世界に囚われている事態の裏返しで、もし囚われを空想ではなく、現実に克服しようとするのであれば、世界の中で世界とは異なる発想をする、言葉を換えれば、ギリシャ的ロゴスが人間の現実の生を支えていることを認めつつ、ヨハネ的ロゴスの可能な限りの知解を試みるであろう。キリスト教が現象学の領域内にあるのは、アンリが指摘しているように、啓示をその内容としているからであるが、より本質的には、神の愛という根源的な現象が根底に置かれているという理由による。また、キリスト教が普遍καθολικόςであるのは、自然的理性あるいはギリシャ的ロゴスの基礎の上で啓示を受け入れているからで、この意味で、ギリシャ的ロゴスはヨハネ的ロゴスをいわばその完成のために、後者は前者を前提条件として、互いに必要としている。

世界と世界以外、神と人間、そしてこれらの関係の間にある隔絶の仲介者と考えられるキリスト、アンリの学説が真価を問われるのは、提起された問題の現象学の立場での解決で、この時には、論の重点はやはり人間、たとえば《理性的動物》といった西洋の伝統的理解ではなく、《神の像》として理解された人間に置かれる。

V　人間あるいは神の子

アンリは人間を神の像ではなく、あえて神の子と呼び、「人間は神の子 fils de Dieu、これが人間に関する事柄でのキリスト教の中心となる断言である」(p.120)と主張する。論点となるのは、神は人間の創造主であるとともに世界の創造主で、この意味で人間は世界に帰属し、神に対して世界と同じ関係を持っている、言葉を換えれば、人間は神の本質とは異なるという事実である。それゆえ、「宗教上の問題は、主として、どのように神から遠ざかった人間は、神を再び見出し、この仕方で、自らを救済し得るのかにある」(p.121)。アンリの基本となる立場は、一面的に人間を《世界内存在》として規定する発想を斥けることで、「正確には、人間は何らかの事物、あるいは哲学で言われるように、内世界的な現実存在という仕方で世界の中に存在するのではない」(ibid.)。確かに、人間は世界を認識し、解釈し、世界に働きかけることで超越論的[26]と考えられる。しかし、人間のこのような営為は世界の現れを前提としている。

これに対して、人間を神の子と定義するキリスト教が無効化するのは、人間の世界への帰属の特権化で、アンリは神の子は生の内にしかない、この了解とともに、「生の厳密な現象学的分析は、生はそれ自身で世界とは外的であることを示した」(p.123) と述べ、その最も基本となる生という概念に立ち返る。すでに指摘されたように、生は自らが自らをその情念的紐帯の中で体験するのであり、世界の開示とは関係を持たず、また世界は生の試練の場である情念という chair では現れない。したがって、キリスト教がもたらした反転は、人間の異なる本質の定義で、「この時から、生の中での誕生から出発して、それゆえに、**生**自身とそれに固有の**真理**から出発して、人間は理解されるべきである」(p.124)。他方で、生から出発する人間の理解は、同時に人間と神というキリスト、世界に到来して人間の条件を引き受けつつ、神の本質を失わない、言葉の固有の意味での神の子の理解を導く。

ヨハネによる福音書12、50「父の命令は永遠の命であることを、わたしは知っている。だから、わたしが語ることは、父がわたしに命じられたままに語っているのである」[27]。この言葉に、「キリストが自らを体験する Ipséité[28] は、その主観性で、そこで絶対的な現象学的生が自ら自らを体験し、この**生**の主観性であろう」(p.126) が照応する。人間はキリスト、神の子という観点から理解されるべきで、人間の条件からキリストを解釈するのは、キリスト教がもたらした反転を毀損してしまう。一言では、「生は神、キリスト、そして人間にとり同一の意味を持っている」(p.128)。アンリは神の像について、「神は人間にその固有の本質を賜った (p.130)」と述べているのであるが、神の本質はとりわけ**生**であるなら、人間は神の子と呼ぶのがより適切と思われる。

ここでフランス語の créer と engendrer との区別が必要で、神は世界とともに人間を創造したとしても、後者の創造には産出が含意され、創造の意味が本質的に異なる。人間は誕生する naître のであって、製造する fabriquer のではない。「その本質は、あらゆる生きる人の Ipséité がそこで生み出される生の auto-engendrement という意味で、神は固有の本質を人間に賜った」（pp.130-131）。アンリはあらためてここで神の像を論じる。一つは、人間は正確には創造されたのではなく、創造は世界に関わる。他は、人間は像ではなく、像は世界という地平で表象されるにすぎない。「もし、人間は一つの像で、世界が創造された仕方で創造されたのであれば、正しくは、もはや自らの内に同じ本質、生の本質を携える神の《像》ではあり得ないであろう」（p.131）。人間をキリストから理解するという試みの徹底は、逆説的に、キリストを人間から理解することを可能にする。つまり、キリストは神の第一の子 Archi-Fils として、神の内にあるとともに、人間の始原として世界の中にある。

アンリは人間観を生の概念に基づく世界と世界以外、このような枠組みで記述する。ここで、枠組みは基本的には変わらないまま、生の本質を理解するために、auto-affection という概念[29]が述べられる。「auto-affection は生きること、生がそこにある《自ら自らを体験する》を定義する。感情 affection は一般には現れを言おうとする」（p.133）。端的に言って、「真理と感情は等価値の用語である」（pp.133-134）。アンリの立場では、感情を引き起こすのに、auto-affection では、自らに外的な事柄は何もなく、感情は世界の事物、翻って世界とは没交渉である。感情、正確には auto-affection では、能動（感情を起こす）と受動（感情を起こされる）とが同一で、この外在性を含まないまさに s'auto-affecter が生に他ならない。「喜びの《内容》は、たとえば、喜び自身である」[30]（p.135）。しかし、auto-affection が生の本質として十全に現れる、絶対的な現象学的生の概念の役割を演じるのは、神に対して以外には考えられない。「私は自ら私自身を、この試練の源泉であることなく、体験する」（p.136）。それゆえ、神ではなく、人間の本質の理解にふさわしい auto-affection の概念が求められる。

この課題には、次の発言が解決を示唆している。「生の中での単独のSoi[31]の受動性は、Soiを対格に位置づけ、私jeではなくmoiにする」（p.137）。アンリは人間を対格と理解しているのであるが、むしろ与格と考えられるべきで、神はあくまで主格、人間は与格という立場でauto-affectionが現れる。キリストは、ヨハネによる福音書5、26「父は、御自身の内に命を持っておられるように、子にも自分の内に命を持つようにしてくださったからである」[32]、あるいは15、9「父がわたしを愛されたように、わたしもあなたがたを愛してきた。わたしの愛にとどまりなさい」[33]という記述が示しているように、神に対する対格、人に対する主格に位置する。人間の本質は、「auto-affectionの起源では決してなく、常にauto-affectéeという自らの生としての生と、絶対的にs'auto-affecteする神の生としての生との間に確立される関係の中にある」（p.138）。他方で、キリストは絶対的なauto-affectionに参与し、父とともにある。

アンリは本来の意味での神の子（キリスト）Filsと、キリストに連なるという意味での神の子（人間）filsの関係について、「生がそれぞれの生きる人を、moiにすることで、生きる人に到達するのは、唯一、キリストに帰属するそのIpséitéの内、そのSoiの中である」（p.140）と明言する。人間がmoi（jeではなく）であり得るのは、その生がすでに根源的なIpséitéの内で確立されている限りで、それゆえ、人間はまさに神の子と言うことができる。

Ⅵ　キリストの相続人

人間が神の子であるのは、キリストの後継者、より正確には相続人であるからで、またこのことで生の相続人となる。この時、アンリは生を「恩寵とあらゆる祝福の頂点」（p.143）と呼ぶ。したがって、キリストの出現とキリストの中での人間の誕生、両者の相続という関係がキリスト教の救済の基礎となる。父と子の紐帯は、後者を通して人間に贈与される。「キリストと神との相互の現象学的内在性、これが次に、人間とキリストとの関係を理解するために、ヨハネが手にした鍵で、この鍵が唯一ふさわしい」（p.145）。では、相続人として、人間はどのように理解されるのであろう。人間は対格あるいは与格という基本事項を確認すると、「私が私自身であり、また私自身であり得るのは、生の根源的 Ipséité を通してだけである。私があり、私がこの moi であり得るような仕方で、私を私自身に結びつけるのは、そこで生が自らを自らに結びつける Ipséité の情念的な chair である」（p.146）。アンリの人間観は《情念的な chair》という言葉に集約されている。

語源をたどると、Pathétique は passion に至り、passion は情念とともに受難を意味し、またここから passif（受動的）が生じる。chair は生の場と考えられるが、そこには不可欠の要素として情念、受動性があり、人間はキリストから生とともに受難を相続しているのであって、人間の本質は jouissance 喜びだけではなく、必ず souffrance 苦悩をともなう。一言では、je ではなく、moi という本質では、人間の生は試練 épreuve である。「私の chair の中で、私は自らに与えられる。けれども、私は自らに固有の chair ではない。私の chair、私の生きている chair はキリストの chair である」（p.147）。しかし、私は moi であることで、個人であり、個別性を持っている。他方で、生はあまねく妥当する原理として、原則的には、個別性を排除していると思われる。言葉を換えれば、キリストの普遍的 Ipséité と個々の生きる人の ipséité はどのように関係するのであろう。

この課題に、世界と世界以外という枠組みの中で取り組むために、次のように言われる。「個人を生と Ipséité の根源的な共 - 帰属から出発して理解することは、個人のまったく新しい概念を提起する」（pp.153-154）。世界の中では、個別化は空間と時間に基づく。この点を確認しつつ、アンリは両者が特に現れの様式であることに着目して、「それぞれの事物にその個別性を付与し、こうして、あらゆる他との差異化をする原理は、世界の現れ、その真理である」（p.155）と指摘する。個別化の原理が世界の現れであるなら、このような原理は空間と時間による外的な指標であって、identité を示すとしても、ipséité を指し示すことはない[34]。人間の個別性は ipséité に他ならないとして、ipséité は世界の中にあるのではなく、キリストの普遍的 Ipséité を通して、その内に育まれる。したがって、人間の個別性は、キリストとともにある soi であって、「世界の中の人間は目の錯覚に過ぎず、《人》は現実に存在していない」（p.157）。人間が人であるのは、キリスト（Fils de laVie、Archi-Fils、Ipséité originelle）の相続人という条件に限られる。

個別性はまた多様性で、「生はあらゆる生きる人にその場所を作る。それゆえ、生は、アプリオリにその本質に、それが生へと呼び出すあらゆる事柄の限定できない多様性を含んでいる」（p.158）。ヨハネによる福音書14、2「わたしの父の家には住む所がたくさんある。もしなければ、あなたがたのために場所を用意しに行くと言ったであろうか[35]」。世界では多様性が見失われる、なぜなら真理は思惟と対象との一致、同一性にあるからで、真理は根源的現象性と理解することで、はじめて多様性が受け入れられる。そして、根源的現象性は生に他ならず、真理は生で、「真理が、キリスト教による革命的（超‐時間的、超‐歴史的革命が問われる）仕方で解釈される時には、導き、到達へと切り開く道 Voie[36]は、まさに生である」（pp.159-160）。人間を神の子、より正確には神の子の子と解釈することで、新しい視野が開かれる。ここで、人間がキリストの相続人であるのは、対格むしろ与格としてという事実を忘れてはならない。

キリストの C'est moi la vérité（私は真理である）という言葉は、moi を主語の強調とするのではなく、たとえば C'est moi　qui vous dis la vérité（私があなたがたに真理を言う）という述語の機能で理解するべきであろう。キリストはあくまで神の真理を伝えているのであって、この意味で、神や真理、そして**生**

との関係では対格で、人間は与格の立場にある。「人間は moi である限りで人間であり、子、生つまり神の子である限りで moi である」(p.170)。他方で、人間はまた Ipséité を相続していて、moi であるとともに Ipséité に連なり、「それぞれの moi の内で、その ipséité は moi に由来するのではなく、moi が ipséité に由来する」(p.171)。キリスト教の人間観は逆説的とも考えられ、与格にして主体、主体性を神への従属性によって獲得する。

主体性と従属性、能動と受動は逆説的な関係で、「自らが自らを、生の Ipséité の中で体験することで、moi はそれを貫いているそれぞれの能力と同時に、自分自身を獲得する。それぞれの能力の獲得により、それらを働かせることができる」(ibid.)。それゆえ、私は moi から je へと成長していくのであって、「moi はそのあらゆる能力を身にまとい、自由にする限りで、この moi は、自分自身とすべての自らに携えている事柄を支配し、je である」(p.172)。この時やはり忘れてはならないのは、私の与格という立場で、moi の能力はすべて与えられたのであり、私が je となるのは、je が与えられる限りである。《私》が意味するのは、《私の能力》であるとすれば、能力は生の auto-donation に他ならない。

能力による受動から能動へ、私は moi から je へ、ここで moi は ego と呼ばれる。また、ego は能力を持ち、それを行使するという意味で自由である。キリスト教は ego の根本となる規定を自由に置く。なぜなら、ego は Ipséité を受け継いでいるからである。この点に関連して、アンリは「ego の自由を否定する学説は、ego を、世界の法則に従属する、世界の中の一つの存在者として扱う。その時、人間は客観的宇宙の緯糸を構成する多様な決定論の産物にすぎない。唯一 ego は世界の中の何かではなく、その Ipséité は生にだけ帰属する」(p.176)と述べている。人間が世界の中にあり、世界に拘束されているという不可避の条件を克服する可能性は、まさに ego にある。

しかし、egoがキリストの相続人という本来の姿を見失い、自らの基礎は自ら自身であると思い込むならば、世界に埋没することになる。コリントの信徒への手紙1、4、7「あなたをほかの者たちよりも、優れた者としたのは、だれです。いったいあなたの持っているもので、いただかなかったものがあるでしょうか。もしいただいたのなら、なぜいただかなかったような顔をして高ぶるのですか[37]」。egoは思い違いをするのであるが、「egoは、生がegoに与える能力を行使し、自らに帰属させる時でさえ、**生**を顧みない。それは、唯一、本性により不可視、根源的に内在、決して世界の《外部》に自らを示さないことで、この生はすべて自らの内に保持されているからである」(p.179)。一言では、egoは生から遠ざかるほど、世界に執着し、自らを見誤る。

アンリは、egoが本来とは異なる状態に陥った場合には、「よりegoは自己を配慮し、よりその真の本質は逃れ去る」(p.182)と指摘し、人間を配慮の概念で定義をする、結論として、世界内存在と考える発想を明確に拒否する。「**生**の中には、何らの世界、どのような配慮のための場所もない」(ibid.)。配慮は特に世界での事態であるなら、世界内存在に対して、神の子が対置されるべきで、「この二つの人間の対立は、なにより行動の違いではなく、これらの人間が準拠する現象学的構造に基づく」(p.183)。ところで、配慮は気遣いや懸念と意味が重なるように、配慮する事柄を否定的形式で提示する。アンリは「キリスト教は、配慮[38]が働かせる原理的な非現実化に深遠な直観を持っていて、この非現実化する配慮を渇望と名づける」(p.184)として、「配慮の中で、人間による自らの子という条件の忘却は、極端な形式をまとう」(p.185)と述べる。**生**が配慮に根源的に対立することは、マタイによる福音書6、26「空の鳥をよく見なさい。種も蒔かず、刈り入れもせず、倉に納めもしない。だが、あなたがたの天の父は鳥を養ってくださる。あなたがたは、鳥よりも価値あるものではないか[39]」といった言葉が明確に示している。

egoの思い違い（自己だけを配慮する）、エゴイスム（自己だけを考える）、これらは忘却による。「世界の真理の中で現れるすべての事柄を、人間は記憶し、次に忘却する」（p.186）のであれば、世界は記憶と忘却の場で、後者がより大きな力を持っている。生は世界以外で理解され、記憶と忘却の外にある（sans mémoire）。それゆえ、生は自己を忘れること、この言葉は、世界以外の視点からの人間の最も基本となる条件（神の子）の承認で、この承認によって、はじめてegoは世界の中で、その本来の使命を果たすことができる。egoは自己を忘れることで、自己に関係づけられる。

Ⅶ　真なる人間

言うまでもなく、キリスト教の人間観の特徴の一つは救済という考えで、救済という視点からegoが問われることになる。一言では、世界に埋没して、事物にだけ関心を示し、事物との関係に限って自己を理解しようとするegoの克服で、神の子として、自らはその起源ではない、与えられた生を体験する真なる人間が求められる。「子としての人間の条件は、まさにその救済を可能にする事柄である」（p.192）。それゆえ、真なる人間は、経験的な個人ではなく、その生に絶対的な生を見出すegoであるが、この発見は、世界の真理の認識では不可能で、「人間を自由にすることができるのは自覚ではない。その救済を保証できるのは、異なる分野の認識を通じての意識の進展ではない」（p.193）。人間の思惟による神への到達という発想は、やはり不合理である。

アンリは「2＋3＝5あるいは《私が考えるなら、私はある》が現れる、この現れの仕方は、明証性、見ること、世界の真理である《外部》の中である」（p.197）として、「神の存在証明を要求するのは、神を、世界という法廷に召喚する、事物と観念が現れる、外在性という脱自、つまりこの世界の光である現れの様式にしたがって現れるという義務にしたがわせる」（ibid.）と指摘する。他方で、世界の真理を生の真理に対して優位に置き、前者を存在の真理と読み替えるなら、神を存在に従属させることになる。[40]「ego の固有にして単独の生の中の絶対的生の内在は、ego の救済を理論的に可能にする事柄である」（p.208）と言われるように、救済はあくまで内在の課題で、「ego にとり、生まれ変わること、死を逃れることが問題であるなら、ego が克服するべきは**生**の auto-donation の忘却である」（ibid.）。そして、アンリは ego による忘却の克服を第二の誕生と呼び、このことは生自身の内部で遂行される変異が導くと主張する。

第二の誕生は、言うまでもなく、世界の真理やその論理に何も負わない、理論的知により準備されるのではない生自身の運動で、「生により望まれた生の auto-transformation は、行いにあり、生をその真の本質に導き直す、これがキリスト教倫理である」（p.209）。ここでも、アンリは《auto》を強調し、キリスト教の根本となる前提を、「神は**生**である。神への接近は**生**の生自身への接近、auto-révélation である。神と結びつく手段を、人間はその子、つまり**生**の中で生きる人という条件から受け取る」（ibid.）と列挙する。明らかなのは、救済は言葉ではなく、行いに関わるという点で、「福音書を貫いている行為と言葉との対立は、自らに生を携えること、原理的に生を欠いていること、この両者の間の決定的対立という条件の下に限って意味を持つ」（p.211）。救済が向けられるのは、生の auto-donation の中で、自らに与えられる行為である。

行為が救済への道に他ならないとして、やはり問われるのは ego による神の子という根本的規定の忘却で、行為が唯一 ego から発して、ego に向かう時には、行為は救済から遠ざかる。ego が自己を忘れる時にはじめて救済が可能となり、真の自己は、世界内の自己の忘却で、偽りの自己は、**生**の忘却である。アンリはここではじめて神の慈悲 miséricorde に説き及び、「慈悲の御業《みわざ》の中で（変異が働くのはここで）、ego の能力が、それにより ego が自らに与えられる絶対的生の超 - 能力 hyper-pouvoir に導き直されるような決定的変異が作用する」(p.213) と述べる。救済は神の慈悲であるとして、人間の側には、世界内の自己の忘却が要求される。

ところで、行為は何かを作り出すと理解するなら、「pro-duire (pro-ducere)、それは前へ、現象性と実在性をともに定義する世界という外部の中へ導くことである」(p.217)。現実化は世界への到来、翻って世界自身の出現で、行為は現実化あるいは客観化の要請に他ならない。これに対して、キリスト教の倫理では、「行う、それは努力し、難儀をし、苦悩することで、このことは、難儀の苦悩が満足の喜びに変化する時にまで至る」(p.218)。言葉を換えて、アンリは「行うことは、この生の情念的で内的な auto-transformation を描き、生の内に、生の唯一の動機、目的、何より生が完成し、可能である環境を見出す」(ibid.) と言及する。

行為を生に位置づける明らかな行為の主観化は、アンリの立場では、厳密な現象学的意味を持っている。「行為は不可視であると逆説的に言うことは、行為に根源的な啓示の様式、**生**の啓示の様式自身、つまり最後に神自身の啓示の様式を割り当てることである」(p.219)。この発想は、人間の行為や実践を、たとえば自然現象に類比される客観的現象に還元できると考える立場と明確に対立する。一言では、行為を人間や自然からではなく、神から理解しようとする。「もし、絶対的な**生**の auto-donation は神自身の auto-révélation であるなら、その時には、後者は超越論的 moi の生の中に含まれている。また超越論的 moi は、この絶対的な生の、神自身の auto-révélation の中でしか auto-révéler しない」(p.220)。すべての生は神の前にある。

Ⅷ　いくつかの逆説

egoが本来の姿を取り戻すためには、世界に囚われた自己を忘れる必要がある、このような逆説はすでに述べられたのであるが、アンリはここで次のように指摘する。「egoの私はできるという考えられる行為の根底には、egoを自らに結びつけ、自ら自身に顕現する絶対的生の行為という、他の行為がある」(p.243)。神はいわばすべてを見通す眼で、どのように謙遜な行為であっても、egoの行為に先立ち、最も内的にして不可避の条件としてegoに寄り添う。それゆえ、egoは能動的である時には、受動性により支えられ、個々の生きる人の行為は、受動の中に浮かび上がる能動に他ならない。能動は受動によりはじめて可能となる。

アンリは続いて、「私は私自身であるという、生きる人の仕方で、自らが自ら自身を体験することは、その固有の生に関しては、根底で受動的であり、生を一瞬ごとに、あらゆる自由より強い蒙りの中で受容する」(p.249)、そして「《自らが自ら自身を耐える》、《自らが自己自身を支える》は、個々の人が自分自身へと導かれる唯一の到達の様式である」(pp.249-250)と述べる。生が現象化する様式は受苦で、自己は受苦との断ち切ることのできない絆という重荷である。この意味で、生はパトスあるいは固有のパトスというchairの中で現象化する。

しかし、生きる人は苦悩を通して歓喜に至るのであって、より大きな受苦はより大きな喜びをもたらす。この事実は人間がキリストの相続人であることの証しに他ならない。フィリピの信徒への手紙2、6-8「キリストは、神の身分でありながら、神と等しい者であることに固執しようとは思わず、かえって自分を無にして、僕《しもべ》の身分になり、人間と同じ者になられました。人間の姿で現れ、へりくだって、死に至るまで、それも十字架の死に至るまで従順でした」(41)。このケノーシス(42)こそが人間の生の原型で、Dolores Gloriose Recolentes（苦しみは栄光もて回復せり）は生の本来の姿である。苦悩は自己への道で、自己は重荷の引き受けを苦悩により行う。マタイによる福音書11、28「疲れた者、重荷を負う者は、だれでもわたしのもとに来なさい。休ませてあげよう[43]」。

いくつかの逆説の中で最も大きな逆説と呼ぶことができるのは、人間という世界の中の現実存在を世界以外の視点で理解するという試み、つまり人間を神の子とする定義で、この逆説を可能にするのがキリストであると思われる。なぜなら、キリストは《神が自らを人となし、真なる生、愛の生を与えるために死んだ》という逆説自身であり、ここからキリスト教のすべての逆説が生じる。たとえば、egoは自らの能力を頼りに、自分を唯一の目的として行為をするとしても、このような行為は根底にある受動性により支えられているのであれば、自己を目的とすることは自己の喪失を招くことになる。「egoは自分自身の上昇のために、自らに基礎を置くほどに、その地盤は足元を逃れていく」(p.264)。実際には、啓示もまた一つの大きな逆説と考えられる。

聖書の内容は神による啓示に他ならないとして、人間に示される以上は、人間の言葉で表現されている。「神の啓示は、言葉を換えれば、神的である限りではなく、人間に理解されることができる仕方で、人間の言葉の形式をとり、その中に現れる限りで啓示であろう」(p.271)。それゆえ、問われるのは、人間に対して、人間の言葉に現われた啓示は、その啓示としての本質をどのように確保するかで、この問いでもアンリの立場は変わらない。

はじめに、「人間の言葉は、世界の中に現れることで語る。その語り方は見させることで、このことは、《外部》という可視性の地平でしか可能ではない」(p.273)として、人間の言葉を世界という視点で理解する。次に、「他の言葉[44]、神の言葉は生である」(p.275)と述べ、神の言葉と生、この両者の同一性を指摘する。

人間の言葉は世界の中でそれが語る内容を見させる、事物や出来事を指し示す働きを主とする。これに対して、神の言葉と生は出現（何らかの事態が生じる）を可能にする。アンリは*Paroles du christ*[45]の Parole du monde,parole de la vie と題された章で、世界の言葉について、「言葉は《空虚な意味作用》で、言葉が指し示す実在を生じさせることはできない。これが問題となる言語の最も一般的な性格である」[46]と、他方で「苦悩は自らが自ら自身を体験する。――中略――苦悩はただこのようにして人間に語る。苦悩の中で語る」[47]と言及する。苦悩という言葉は生の言葉で、「生が直接に、決して世界の中ではなく自ら自己自身を体験する原初の情動は、人間の言語が使用する内在とは異なり、印象的にして感情的な実在、情念的な chair である」[48]。生は生自身について語る言葉で、まさに auto-révélation[49]と考えられる。

人間の言葉と啓示、二つの言葉の根本的に異なる本質は、また呼びかけと応答という観点から理解される。前者では、「呼びかけと応答は異なり、世界であるこの差異[50]の中で、互いに外的で、互いに切り離されている」（p.284）。この場合には、呼びかけは必ず応答をともなうのではなく、聞かれないことや応えられないことが往々にして生じる。一言では、呼びかけに対して応答は必然ではなく偶然で、加えて虚偽や偽善といった要素を想定する必要がある。「生の言葉では、これに対して、言葉と聞く[51]、呼びかけと応答との差異は消失する。そこで私が生の言葉を聞く（理解する）ということは、私の子[52]という固有の条件、私の絶対的生の auto-engendrement の中で生まれた固有の生である」（pp.284-285）。呼びかけと応答、両者の必然の結合、むしろ前者による後者の含意は、また行為と関係する。人間の言葉は必ずしも行為を呼び起こすとは限らないが、生の言葉は行為を不可欠の要素とする。啓示は再臨 parousie と考えられる。

したがって、聖書で人間は神の子と言われる時、「《あなたたちは子である》と言うことで、聖書の人間の言葉は、自ら方向を変え、他の言葉が語る場所を指し示す」（p.287）。ここでは、人間の言葉は自らの外へ移り、生の言葉へと導く。アンリは Paroles du christ の Paroles du Christ sur la difficulté pour les hommes d'entendre sa Parole と題された章で、聖書は譬え話を多く含み、理解に困難をともなう点を、「人間にとり、神の言葉を聞く（理解する）困難は、キリストの教えの常なる主題である」[53]と確認しつつ、「譬え話の計画は、可視と不可視、有限と無限という二つの領域の類比を確立することで、前者の領域で生じる一連の出来事により、後者つまり神の王国を考えることに招く」[54]と明言している。聖書に真実を見出すのは、神の子であり、世界内存在である限りの ego ではないとするなら、聖書は人間にその本来の姿への回帰を促し、この時にはじめて啓示に遭遇する。

最後に、アンリは《キリスト教の精神》の核心について、次のように述べる。「唯一の実在しか現実に存在しない。生という実在である。実在が不可視であるのは、まさに生は不可視であるからで、生の個々の領域、生の個々の形式の不可視ではなく、あらゆる可能な生、考えられるすべての実在の不可視である」(p.297)。言われているのは、世界の外で、見ることとは関係なく、抗し難く自らが自らを体験すること、具体例としては、苦悩や歓喜、不安や倦怠であり、このような自己体験は仮に何ら世界がないとしても現実である。それゆえ、「可視と不可視という二つの実在の形式の対立が問題なのではない。キリスト教では、何も実在に対立しないで、生以外には何もない」(ibid.)。この発想はやはり一つの逆説と言える。

アンリは論を進めて、corps に説き及び[55]、世界の中の corps は実在と見なされ、「実際に世界の中で見ることができる可視的 corps」(p.301)、生の中の corps は「不可視の corps、生きた corps」(ibid.) と指摘する。前者は corps - objet で、世界の事物にあまねく適用され、延長体 res extensa という本質を分かち持つ。後者は真の実在で、「真理を生として、実在と同一とする現象学的定義にしたがって、現実であるのは不可視の corps で、可視的 corps はその外的表象でしかない」(ibid.)。不可視は空想された虚ろな場所ではなく、すべての考えられる corps、あらゆる実在の形式が文字通り具体化する（prendre corps）基盤である。

Ⅸ　アンリ以後

アンリの現象学に基づく神学は、世界と世界以外、この区別にしたがって、神を生と考え、その本質を auto-révélation、auto-donation と、キリストは神の auto-engendrement、人間はキリストの相続人の意味で神の子と理解する。また、発想の根底には、ギリシャ以来のロゴスとそれとは異なるキリスト教のロゴスの対比があり、特に生の場と考えられる chair とパトスというアンリに固有の概念が強調される。しかし、このような学説には再考を促す難点があることは否定できない。

Ⅰ 世界と世界以外、二つの異なるロゴス、そして人間の言語と啓示、これらの間に本質的な差異、むしろ隔絶を指摘することに何らの問題はないとして、人間が求めているのは、世界内存在である限りで、隔絶を認めた上での仲介あるいは媒介と思われる。この要請に応えるのが、auto-révélation、auto-donation という神の愛に他ならず、神の愛の具現者、愛自身であるキリストはまさに仲介者である。明らかに、アンリには神の愛という視点が欠落している。常に強調される auto は、愛の裏付けがなければ automatique を意味するにすぎない。隔絶の過度の重視がどのような結果をもたらすのか、以下の例が典型的に示している。

カール・バルトは *Der Römerbrief*(56)で、「福音はすべての事物の最初の起源の言葉、常に新たであるから、いつも更新された恐れとおののきとともに受け取られなければならない言葉である」(57)と述べているが、《恐れとおののき》という言葉が印象的と思われる。たとえば、「ただ恩寵は理解不可能と承認される時に恩寵である」(58)、あるいは「イエスはキリスト（救世主）という仮定は、言葉の厳密な意味で、人間が理解できるあらゆる内容を欠いている仮定である」(59)として、神と人間との無限の隔絶を確認しつつ、「福音が受け取られた時でさえ、世界は世界、人間は人間のままである。全体の罪の重み、全体の死の呪いは、依然として人間にのしかかっている[60]」と断言する。一言では、世界と世界以外、人間と神との隔絶は、善悪の二分法[61]で考えられている。

他方で、「神について語る場合、人間の論理は特徴的に、神の本性とともに、神への言及では原因に働きかける議論は、神は一連の諸事物の中で知られる事物ではないので適用できないという事実を無視している[62]」と、また「真の神は、自らはすべての具象化から距離を置き、あらゆる具体的事物の危機[63]の起源で、裁き主、人間の論理による神が含まれる世界の否定である[64]」と明言する。ヨハネによる福音書3、17「神が御子《みこ》を世に遣わされたのは、世を裁くためではなく、御子によって世が救われるためである」、この言葉とは異なり、神は裁き主である。また、キリストには次のように言及する。「神の言葉は、神は神である者[65]と宣言する。神により創造され、神により絶え間なく受け入れられる人間と世界に神自身で参与することで、神自身を神自身に対して義認する[66]」。ここでは明らかに、神は愛よりむしろ存在で、キリストは御子としての存在に他ならない[67]。

また、「イエスの内で人間に与えられた前提により、人間は、今や常にあらゆる所で、律法が理解しているような、肉と罪だけではなく、その断罪の中で、人の内奥に忠誠の真の承認を見出す時はいつも、赦しの言葉を語る裁き主を見る[68]」と述べている。赦しの言葉は、神の愛の auto-donation ではなく、因果応報の結果で、「イエスを信じることで、人間には神の正義と義認が現れ、顕示される[69]」。神はあくまで裁き主、イエスはその補佐にすぎない。

Ⅱ　ギリシャ以来のロゴスとキリスト教のロゴス、両者は対立するのではなく、前者は進展の臨界で後者に出会うと理解するべきで、人間は世界の中での経験から出発して、経験に制約されつつ、経験の範囲外へと向かう本来の傾向を備えている。この傾向を形而上学的傾向と呼ぶとすれば、ギリシャ的ロゴスの到達点がキリスト教的ロゴスの起点で、理性なくして啓示との遭遇はなく、《知解して信じる》。アンリ自身が一翼を担うフランス現象学は、形而上学的傾向の体現と考えられるとすれば、二つのロゴスの二項対立ではなく、やはり調停が求められる。

ところで、形而上学的傾向は、一方で理性的、他方で情念的という、形而上学的思惟と形而上学的欲求と呼ぶことのできる区別を必要とする。アンリの学説の要の石である生、chairという概念はパトスであるなら、キリスト教的ロゴスもやはりパトスと理解するべきで、その学説は形而上学的欲求に終始する。この時には、ロゴスの視点を欠くことで、上述したロゴスの臨界で啓示に至るという、現象学本来の歩みが示されない。生、chairという概念は曖昧さを残し、それゆえに、パトスはロゴスにより明らかにされるという、哲学の基本となる立場があらためて確認されるべきである。

第三章　形而上学的思惟

Ⅰ　世界を起点として

アンリからマリオンへの移り行きは、一言ではパトスからロゴスへと基軸を変え、欲求ではなく思惟により啓示へと向かう試みに他ならない。マリオンは *D'ailleurs, la revelation*(1) の緒言で、確認事項として、「発展なくして神学はない。なぜなら、どのような神学も無限についての解釈学を全体として完成させることはできない」(p.12) と述べる。この短い言葉は、神学は人間に本来備わる（神から与えられた）、ギリシャ的ロゴスをその最も顕著な現れとする、自然的理性による啓示の知解という、永遠に引き継がれる努力である、このマリオンの基本姿勢(2)を端的に表現する。それゆえ、アンリとは異なり、論考を世界から始め、「世界は何より一つの空間として開かれるのではなく、一つの流れとして、前進し、気づかれ、繰り広げられる」(p.17) と指摘する。世界は私の生を決定し、そこに住み着くことを可能にする。

したがって、問われるのは、世界の多様な現れの中で、私を取り巻く現実の世界を構成する、この意味で私に関わり、重要と思われる現れの見極めである。「一つの現象が私に及ぼす力、効果、そして印象による情動が問題となる」(p.20)。このような現象は、それが差し向けられ、感化し、時には変貌させる対象により他と区別される。他方で、マリオンは次のように述べている。「réduction érotique(3) は、おそらく、soi

自身の唯一の意識から出発して、私に固有の ipséité を定義するあらゆる試みを決定的に拒否することで、私を moi 自身に明らかにする」(p.26)、また「réduction érotique は moi 以外の他者を経由しないすべての soi への到達を禁じる。それは、ただ moi の内に住まう soi、ego のあらゆる場所を閉じる。ego は一人の他者で、仮に自己自身に到来するのであれば、常に**他の場所**から *d'ailleurs*[4] であろう」(pp.26-27、強調は原文)。この引用文で明らかなように、マリオンは世界と世界以外との区別ではなく、世界の中の私と私以外の場所という観点に立つ。

マリオンは論を進めて、《ego は一人の他者》、この了解に基づきつつ、特別の現れとして、私にとり他の現れと区別される現れについて、「私の現実の生は、――中略――結局のところ、私は理解していないが、私を理解している引き続く啓示の集合（ただ外見上統一を欠く）に要約される」(p.29) とする。啓示が固有の意味を持つのは、一方では私の生を構成するからであるが、他方では、啓示は自由にすることが不可能で、私の眼差しと表象を逃れ去るという理由による。「なぜなら、啓示は私には他の場所に由来する」(ibid.)。

ところで、現象学の基本となるのは、現れる事柄は自ら、それ自身の内で現われる、この意味で、現れの様式と程度は、直接に与えられることに基づくという考えで、autant de donation,autant de phénomène と言える。マリオンとアンリはともにこの立場を原則としつつも、後者は現れの側（auto-donation）に、前者は受け取る側に注目する。「それ自身の内で与えられ、現れる諸事物が問題となる時、それらの可能性の諸条件は、原理的に、**人間の** *notre* 経験の可能性の条件とは**決して一致しない** *ne coïncident jamais*」(p.34、強調は原文)。そして、受け取る側の自由裁量 disponibilité の程度に応じて、現象は対象と出来事、あるいは貧しい現象、普通の現象、飽和した saturé 現象に区別される。この最後の現象は、あらゆる異なる形の飽和を含む時に啓示の現象と呼ばれ、啓示の現象性は「他の場所から顕現する、現れ自身に見られていないこと invu を保つ、新しい世界の中で私を私自身に露わにする、私を他者に現わす」(p.35)、このような性格を持っている。

現象学的（少なくともマリオンの）観点では、啓示という用語は飽和した現象一般を指し示すとして、同時に宗教と結びつき、最も流布しているのは、宗教は啓示があってはじめて成立するという発想で、多くの場合にこの用語は宗教的に理解されている。ここで、マリオンは「どのような他の用語も、おそらく、これほど明瞭に非常に奇妙な主張を指し示さない。なぜなら、この主張は奇妙さ自身の中にある。つまり、人格的（こう呼ぶことを望んでいるように）神[5]が、人間の間に、その名により知らしめようとした（したであろう）事柄の伝達を、他の場所から受け取ったという主張である」(p.38) と指摘する。それゆえ、課題はこの奇妙さを全体として包み込み、知解を可能にする視点の獲得で、これに関して、「証人、抵抗、逆説」(ibid.) という三つの概念が示される。

Ⅱ　手掛り

(a) 証人

確かに、啓示は与える側と与えられる側、両者の間の隔絶を前提としている。しかし、最終的には、隔絶にもかかわらず伝達するという可能性を示すのであって、「啓示[6]は、まさに通常の認識を超過する事柄を現すのであるから、誰も決して十全に知覚し、適合して受け取り得ないことを含意する」(p.39)。啓示は受け取る側と通約不可能のままである。ここから、証人の概念が生じる。マリオンは次のように述べている。「証人を真正にして信頼できると資格づけるのは、不思議にも、疑いもなく見たり聞いたりした人よりも、証人は理解できない、また時折、真に理解していないに違いない *ne doit pas* 事柄を、より良く知っているということによる」(p.40、強調は原文)。この言葉は、日常の話題でも十分に説明可能で、たとえば事故に遭遇し、その証言をする人は、事故の原因は理解できないが、事故の様子をありのままに伝えることができる。

マリオンは証人を特徴づける一つの性格を強調して、「証人は、ある意味で、常にその理解のなさにもかかわらず証言する。あるいはむしろ、自らの意に反して証言することで、正しくは、その理解のなさ自身により証言する」(p.41)としつつ、「啓示は理解可能な認識によるのではなく、理解不可能性の承認によって現れる」(p.43)と主張する。啓示は人間の合理性や有限な解釈学により十全な知解に至ることはありえず、証人と同様に、理解のなさがその確かさを保証すると考えられる。

(b) 抵抗

証人に続いて啓示を受け入れるに際しての特徴として、抵抗が挙げられる。「証人の持つ真正の隔たり(理解なくして知る)には、もはや主観的、任意、そして逸話的ではまったくなく、あらゆる啓示に固有の通約不可能性から結果として生じる拒絶・抵抗が加わる」(p.44)。啓示は出来事あるいは飽和した現象である限りで、耐えがたく、受け入れがたい。なぜなら、「可能性のあらゆる分野を再定義する」(ibid.)からである。受け取る人は未見、未聞である程に、抵抗を示し、啓示が他の場所に由来することを明確にする。それゆえ、啓示はある種の危険、受け入れるか否かの選択を迫るという意味では危機に他ならない。(7)

ここで、マリオンはデカルトに言及して、「デカルトは有限の思惟は無限の概念に基づくという、不思議に合理的と思われることを証明した」(p.49)として、「理性を超過する啓示の思惟は、相互に、この乗り越えの合理性を依然として要求することがあり得る。概念と啓示とに矛盾しない啓示の概念 *concept* が必要であろう」（ibid、強調は原文）と述べる。言葉の終りに、「この概念は考えられるか Peut-il se penser ?」（ibid.）という疑問が続くのであるが、これは明らかに修辞疑問と理解するべきで、マリオンの試み、学問的努力は肯定の答えをもたらすことにある。

（c）逆説

キリスト教が逆説に満ちている、むしろ逆説自身であることとは、たとえばジャン・ルイ・クレティアンの言葉「あらゆるキリスト教的事柄は逆説的[8]」が明確に示していると思われるが、注意が必要なのは、これに続く「この逆説は一つの命題ではなく、出来事[9]」という指摘であろう。一般に、逆説 paradoxe はすでに確立された概念、憶見、そして憶見に基づく期待に反する事柄を示し、この意味では、それまで決定的と見なされていた考えあるいは合理性を疑わせるに至る。しかし、逆説は決して不合理なのではなく、先立つ合理性に新たな合理性を対峙させる。「逆説は知とみなされ、理解を要求する合理性の限界と条件を疑問に付す」（p.51）。ここで、マリオンは「キリスト者が証言する事実は、二つの面にわたる考察に値する。なぜなら、はじめに、証言の解釈学的論理を展開する。次にまた特に、完全に知解可能となるために、可能に関して、確かに急進的ではあるが合理的な範型の変更に訴えかける」（p.53）と主張する。一言では、人間の有限性に基づいて定義された可能は、神の無限による可能の中では反転する。

また、マリオンは「一般でも、神学上でも、逆説は問いに対する答えの先行性から生まれる。言表は証人がまだ考えられない問いに対応する」（p.54）と述べている。クレティアンの言葉、《命題ではなく出来事》がこの特徴を端的に表現する。啓示は最も逆説的にして、もたらす答えに対応する問いを見出すことを促す。この意味で、逆説は確実に異様な現れという、固有の様式を実現する。「一つの現象が、その過度にまで、直観を規制し、構成すると見なされるあらゆる概念（あるいは概念の総体）に対して、直観の余剰もたらす場合」（p.57）。このような現象が飽和した現象に他ならず、「聖書の啓示は、あらゆる期待、予見、そして最終的にはすべての受容を超過する一つの donation の特権を開示する」（ibid.）。マリオンはアンリやバルトと同様に、やはり神と人間との隔絶を強調するのであるが、決定的な差異が示される。

キリストについて、次のように述べる。「キリストは、自らを人間の間に見させる、現象の間の現象、ことで、自らを余すところなく現象化し、自ら自分自身を人間の現象性の中の一つの現象とする、つまり人となることとで、不可視の神のあらゆる《注釈》を完成させる」（p.59）。言葉を換えれば、キリストは不可視の神の啓示を可視化し、知解可能にする。ここで、テトスへの手紙2、11が引用される。「実に、すべての人々に救いをもたらす神の恵みが現れました[10]」。人間はキリストという現象を確かに見たのであるが、この現象を構成、ましてや要請したのではなく、まさに auto-donation auto-révélation に他ならない。この点に関して、マリオンは「啓示は、その名が示しているように、現象性の中で役割を演じ、記述し、受け入れるために、特権化された観点をもたらす」（p.60）と指摘する。そして、この特権化 privilégié という言葉は、キリストの内のあらゆる神の現れは最も顕著な逆説であることを意味している。

唯一の逆説という神の顕現は、「人間の世界が現れにまかせることのない現象の間に出現した、世界以外の他の場所に由来する現象の顕現で、特に外に現れないことの顕現、**可視性自身の中で不可視のままというような** *comme tel et qui le reste dans sa visibilité même* 不可視の可視性である」（ibid. 強調は原文）。それゆえ、啓示は特権的現象（現象性の本質を唯一完全な形で遂行する）であることで、現象学を適切な接近の手掛かりとして要求し、他方で現象学はその臨界点で啓示に遭遇する。この意味で、自然的理性は当然の進展の結果として啓示へと向かう。このような進展が形而上学的思惟で、形而上学的欲求はいわば変奏と思われる。

Ⅲ　難問の回顧

（a）認識論的

啓示を巡る難問の一つは、《現れは認識させること》という考えに基づく啓示の認識論的理解で、この立場では、「聖書の文献は、反論なく一挙に、啓示の一貫した概念の構成を可能にする言い回しや用語の系統を提供しているとは思われない」（p.70）と結論づけられる。言葉を換えれば、哲学の素養により発展した神学は、神に関わる事柄の十分な認識には至らない。「形而上学と呼ばれる哲学的神学は、神の事柄に、その結果によって間接的にしか達することができない」（p.72）。ここで、結果と言われているのは存在者で、形而上学は存在者の学である限りで、神の事柄は、存在者の原理に介在する場合に検討される。他方で、聖書を主題として学ぶ神学が要請され、「神学の二重性は、哲学的神学に存在者である限りの存在者を割り当てることで定義され、この割り当ては反対に、聖書あるいは聖なる教えの神学のための領分を引き出す」（p.73）。この事態が、実際には難問を引き起こしてきた。

マリオンは次のように言及する。「聖書による啓示は、神の哲学的な学に対立し、補完し、凌駕する。このことは、後者とともに啓示に、学の地位を保証するのには依然として、啓示は哲学的な学を乗り越えることを固有の機能としていることで、より一層十分ではない」（ibid.）。難点はトマス・アクイナスを例として説明される。(11) ①人間の超自然的運命という特権を、認識の欠如と理解し、恩寵と啓示による救いを、異なる認識の起源とする。この時に、啓示は認識という視点で、比較可能、通約可能となり、恩寵による救いは、啓示の認識論的解釈という代償を支払うことになる。②啓示の人間の理性に対する優越性が二つの面で示される。はじめに、啓示は唯一神を、間接にではなく、直接に学の主題として認識することを可能にする。次に、啓示は哲学を二重化し、人間の理性の欠如を補うことで、すべての人が確実に神を認識することを可能にする。

自然的理性は当然の進展の結果として啓示へと向かうとしても、両者の間には隔絶があり、現象学はその臨界点で啓示に遭遇する。マリオンはトマスについて、[12]「《神の事柄》に対して、同時に二つの、一つの認識とそれに従属する認識、神の啓示の光と、従属する理性の自然的光が働く」（p.77）と述べている。確かに、聖なる教えの神学の哲学的神学に対する優位は確保されている。しかし、認識論的機能の差異は認められない。「啓示は自然的光より良く、またより以上に認識させるであろう。なぜなら、ここで〝認識する〟が意味すること、それは一義的であるのか、あるいは乗り越え難い多義性に曝されているのかを確定しないで、啓示は、まず何よりも、**認識すること** *connaître* をさせるであろう」（pp.77-78、強調は原文）。一言では、「神についての人間の知と、神的知との通約不可能な関係は、序列的に区別されているとはいえ、同じ地位の人間の学にふさわしい装置にしたがっては理解され得ない」（p.78）。この指摘は、マリオンのトマス批判が形而上学批判に他ならない点を明確にしている。

形而上学は存在あるいは存在者の学である限り、神をその究極の原因と理解し（出エジプト記の形而上学）、神の哲学的知により啓示を説明することに向かう。ここで、マリオンは「啓示のこの解釈の、不正確さとは言わないまでも、不分明さは、**啓示可能**（*revelabile*）というトマスの学説の中で明らかになる」（p.79、強調は原文）と、また「**論証可能**（*demonstrabilia*）と**啓示されたこと**（*revelata*）との間で、啓示可能は一つの連続、つまり常に**認識論的な** *épistémologique* 一義性を保証するであろう」（p.81、強調は原文）と主張する。しかし、この主張には十分な検討が必要と思われる。

はじめに、啓示可能で自然的理性が演じる役割は、論証 demonstratio ではなく、記述 descriptio で、その目的はあくまでも知解すること intellegere に限られる。これは、啓示可能はその固有の本質によってではなく、救済という意図のために神学の側が引き受ける形で啓示に含まれることによる[13]。次に、トマスは神学的手順（神から事物）ではなく、哲学的歩み（事物から神）にしたがい、神は原因[14]であるなら、この体系は第一原因の探求という意味で第一哲学、形而上学に他ならない。他方で、啓示可能に至るのは、自然的理性に本来備わる傾向と、救済の要請に導かれてのことで、形而上学ではなく、形而上学的思惟であって、両者は明確に区別されるべきである。

いずれにしても、マリオンは、トマスの学説には、「哲学の神学 theologia philosophiae と聖なる教えの神学 theologia sacrae doctrinae の下位区分、そして何よりも、信仰の認識の神学（聖書による啓示、理解なくして信じる聖書の神学 theologia sacrae Scripturae）と神および至福の学 scientia Dei et beatorum の下位区分」（p.82）、このような従属的な下位区分があると前提しつつ[15]、「直接あるいは間接に、神の言葉[16]に由来し、特に**聖書**（*sacra doctrina,sacra Scriptura*）により伝えられたという、議論の余地のない性格付けで理解された啓示は、一つの学という地位を要求できる、とりわけ要求するべきであろうか」（p.83、強調は原文）と問う。そして、「トマス・アクィナスは学としての神学という問いを明確には解決していない。なぜなら、この問いを、最終的には、当然のことながら、至福の学 *scientia beatorum* から出発して、それゆえ終末論的に理解しているからである」（p.84）と結論づける。

（b）命題的

認識論的解釈により、啓示は一つの学、おおもとで理論的な知と同一化され、神の真理は命題の集まりとなる。当然に、創造主の真理は対象の認識に適合した被造物の有限な認識能力では理解し得ないのでは、このような疑問が生じる。「啓示は、学という地位を有すると仮定するなら、あらゆる他の学と同じにして一義的な認識の定義の部類であろうか」（p.89）。他方で、マリオンは神学の歴史を振り返って、「神学は、諸学の間の学として自らを構成することを望み、その時から、もはや聖なる教えと至福の学にではなく、神学自身に、場合によっては、大学の中の講座に基づく」（p.96）と指摘する。また、神学の歴史で、神の真理を命題の集まりとする発想がもたらした、自然的認識が啓示された認識に基礎を提供するという事態について、「このことは、単純にして論理的に、啓示の一つの学という、それゆえ命題的な解釈から結果として生じる。この解釈は、啓示を、人間にとり接近と定義が可能な唯一の学、つまり自然的理性の学の性格づけと基準に従属させなければならない」（p.98）と述べている。

マリオンの主導動機である形而上学の批判は、神学の歴史に見られる自然的認識と超自然的認識との関係の変化、この論題で明確に示される。「事実上と権利上、**形而上学** *metaphysica* は神学に認識論的要求を課し、神学はもはや**啓示**に**情報的内容**（*propositiones sufficientes*）以外の、その手続きや固有の論理に負うことがない」（p.102、強調は原文）。あらためて、出エジプト記の形而上学の見直し、一言では、存在、存在者そして現実存在が神の尊厳としてふさわしいかを検討する必要がある。「聖アウグスティヌス、ディオニシウス・アレオパギタ、ヨハネス・スコトス・エリウゲナ、聖ボナヴェントゥーラも、存在を神の第一の名とは考えなかった」（p.103）。ここで、二つの論点が指摘される[17]。

はじめに、カントが明確にしたように、現実存在は論証されるのではなく、論理的思惟の外部で、一つの位置として確かめられるにすぎない。このことは、神の現実存在は論証不可能であることを示す。次に、神は定義により理解不可能なままで、神の概念（無限、完全、など）を人間の論理の規則や原理（有限、不完全、など）に従属させるのは不合理である。「おそらく、形而上学 *metaphysica* の構成以前に、聖アンセルムスの議論 *argumentum*、聖トマスの（五つの）道 *viae* が、神の現実存在の論理的に余儀なくされた証明として現れなかったとしても、それは偶然ではない」（pp.104-105、強調は原文）。啓示の情報的内容、自然的理性の中の充足した命題という理解（自然的認識）から、聖書の充足さ（超自然的認識）への移行が必要で、そのためには、命題的理解の根底にある啓示の認識論的解釈を乗り越えなければならない。

（c）認識と承認

認識論的解釈とは異なる方向は、啓示に認識や学ではなく、神の自らによる現れを求める。「啓示は、人間に、神自身について以外の事柄の認識を授けるのでも、単純に人間の神に対する学を拡大させるのでもなく、まして人間の学一般を増大させるのではない」（p.113）。啓示本来の意図は神のいわば個人としての現れ、また現れは連絡で、連絡は人間と神との交流に他ならず、交流に基づくのは承認 re-connaissance である。他方で、「世界は、その現象性により理解されたあらゆる顕現の明確な定義にしたがえば、他の場所から到来したとして現れる以外では、何も顕現し得ない」（p.120）。それゆえ、神による世界の創造は、啓示として承認され、「世界は啓示の輝きの中に出現する時に、創造の一つの現象として現れる」（ibid.）。人間が啓示に遭遇するのは、その顕現は他の場所に由来し、他の場所という事実から、神を起源とすることを認める限りである。

認識から承認へ、この移行に際して指摘されるのは、「概念は、それが何であれ、人間が概念により理解、所有、生産できることを認識させるという機能をまさしく持っている」（p.123）点で、概念は他の場所という考えを自らに禁じる。それゆえ、他の場所の承認は、啓示の認識論的理解を乗り越え、固有に神学的

théo-logique な理解をもたらすとともに、「実際に論理的な形而上学（厳密な意味での形而上学）が近代の時期に少しずつキリスト教神学に課してきた、神**学**的 théo-*logique* 概念の破壊を含意する」（p.124、強調は原文）。ところで、この神**学**的概念に形而上学はどのように関わってきたのであろう。

（d）形而上学的起源

マリオンは啓示の概念の形而上学的起源からの帰結を三つの項目で列挙する。[18] ①神の超自然的認識（神学）と自然的認識（哲学）の階層秩序の転倒は、啓示に形而上学的基礎をもたらさないだけではなく、このような意図は原理的に不可能であることを明らかにした。②神学は啓示を命題の形式に貶めつつ、一つの学になろうとしたが、この譲歩では学の資格を得られないだけではなく、他の厳密な学に対して、自らの学としての可能性を疑わせるに至った。③神学者以上に哲学者により構成された啓示の概念自身が問題を生じ、他の場所という視点が失われたことで、構成された概念は矛盾を含む一種の人工物 artefact にすぎなくなった。

帰結の列挙に続いて、マリオンは「啓示の概念自身は以下のことを仮定していないであろうか。つまり、啓示なくしては、人間は考えることも、いつか考え得ると想像することもできないであろうことを考えさせる」（p.134）と述べる。そして、この視点からカントに言及する。「啓示に対応するために、デカルトによれば**思惟作用** *cogitatio* の第三の様式という、**意志** *volonté* を特権化するのはカントに帰せられる」（p.142、強調は原文）。啓示は理論理性の限界を逸脱するのであるなら、[19] 実践理性がその受け入れの役割を演じる。この時に、「普遍的にして無条件な定言命法とは対照的に、すべての、特に聖書的と文化的、歴史的に決定された文献に書き記された啓示は、倫理的事柄では、権威を保たないと思われる」[20]（p.134）。しかし、啓示により人間は、理論理性と実践理性、この両者とは異なる形式の理性を要求されるという可能性は否定できない。

たとえば、カントは「哲学では、類比 Analogie は数学で表しているのとは非常に異なることを意味する。数学では、二つの量的関係の同等を示す数式で、常に構成的 konstituiv である[21]」と、また「経験の類比は一つの規則にすぎず、それにより経験の統一が知覚から生じる[22]」と述べ、後者の規則を規制的 regulativ と呼ぶ。この規制的規則は、知覚それ自身を経験的直観一般として生じさせるのではないとしても、少なくとも、「純然とした直観（現象の形式）、知覚（現象の素材）そして経験（これらの知覚の関係）の総合[23]」に関わる。もし、《規制的》をより広い視野で理解する、つまり他の場所という視点を取り込むとすれば、啓示を受け入れる理性という発想が浮かんだと思われる。カント本来の意図は、一言では、理性の限界を確定することにあるとすれば、理性を極限まで推し進めた結果、それまでとは異なる事態が生じるという可能性、理性の臨界は思いもよらなかったのであろう。

明らかに、啓示が基づいているのは、人間にとっての不可能は、啓示の内では可能なままという逆説である。それゆえ、「啓示の**神学的** *théologique* 概念の可能性を破壊しないためには、形而上学が歴史的に構成し、同じ行為で破壊したような**哲学的** *philosophique* 構成から、まさしくそれを解き放つ必要がある」（p.150、強調は原文）。神は自らを知らしめる（認識させる）ために顕現するとしても、人間が神を哲学的（形而上学の）概念により認識することが可能かどうか。この点は確証されていない。

Ⅳ　神学の観点で

（a）神の顕現

啓示の神学的概念の可能性、この論題でマリオンは次のように問題を提起する。「神の顕現としての啓示に近づくためには、顕現したのは真の神と確証する事柄が現れる必要がある」（p.161）。啓示の認識論的解釈では、顕現すると理解される事柄は、人間の諸学の命題と同じ形式で明らかにされるべきと見なされるが、神という主語に人間の言葉で述語を結びつけることはもとより不可能である。それゆえ、考えられる一つの試みはバルトを例とする、「言葉（théo-logique）を**言葉** *Parole*（*théo*-logique）から出発して考える、つまりParoleを**御言葉** *Verbe* から出発して理解し、Verbeを神から出発して受け取り、神を父[24]として、子を通して見なければならない」（p.162、強調は原文）という発想[25]である。

Paroleでは、発話は人に向けられ、誰がその人に話しているかを気づかせる。この時には、「Paroleの差出しは、一つの決意、少なくとも決意の可能性をもたらす」（p.164）。他方で、「対話者の信仰が実際にParoleから受け取ったことの振幅の大きさと、同じようにParole[26]が対話者に真に差出したことは秘密のままである」（ibid.）。マリオンはこの後者について、「Paroleが私に語ろうとすること、私に期待する返答は、唯一聖霊が知り、私が知るのではない」（p.165）と指摘する。Paroleによる啓示は私の心に一つの決意を促すとしても、常にEspritの秘密の内にある。加えて、呼びかけは応答を促し、このことで応答に先立つとしても、呼びかけの意味と真実は、ただ応答の中で確認される。応答がなければ、呼びかけは何も言わないだけではなく、差出されない。

バルトは、少なくとも *Der Römerbrief* の段階で、神の言葉についてはたとえば、「教会の主旨はまさに神の言葉、始まりにして終り、創造者にして贖い主、審判にして義認の言葉である。しかし、この主旨は人間の唇により宣言され、人間の耳により受け取られる[27]」と述べている。同時に、「神の言葉の十全さに直面させられる時、人間の唇と耳はその不十全さを示すことになる。つまり、人間は神とともにあるような真理を受け取り、宣言するように定められているのにもかかわらず、人間がそれを受け取り、宣言するとすぐに、それは真理であることを止める[28]」と付言する。神と人間との絶対的な隔絶の下で、バルトは人間（教会を含む）による神の言葉の受け取りという試練（困難）を強調する。この時、キリストの言葉は決して自らの名ではなく、父の名により呼びかけることを忘れてはならない。その言葉は父への差し向けに他ならないとすれば、神はキリストを通して常に人間に呼びかけている。

　あらためて神の顕現という**啓示**の比類のない性格を確認する必要がある。「啓示は他の場所から出現すると定義されることで、自ら自身以外の地平を持たない」（p.175）。啓示の地平は他の場所であるなら、人間が知り得る限界とは無縁で、この時に問われるのは、「どのように、啓示は自ら自身で、その無条件性（存在と歴史のアプリオリを含むあらゆる超越論的アプリオリに対する）の中と同様に、その受容と拒絶の論理（すべての直接的あるいは間接的な認識論的解釈に対する）の中で、自らを規制するのか」（p.176）である。ここで、人間が提起するのは、自らが解決を見出せる問題に限られることを念頭に置くなら、人間は問いを立てるのではなく、問いを課せられると考えるべきで、この点から、啓示の理解、受容、そして呼びかけに対する応答の困難が生じる。マリオンは端的に次のように主張する。「啓示の地平は、決して、人間の側から、その可能性の地域の中で、現れの考えられ得る**人間の** *nos* 地平（〝歴史〟、〝存在〟、〝Parole〟、それ以上に文献）の下で来るのではない。啓示の**側** *sien* からで、《自らが自身を、愛 amoura として明らかにする啓示の形象[29]》の中である」（pp.177-178、強調は原文）。バルタザールの言葉に依拠しつつ、立場が明確に示される。

したがって、マリオンは自らの現象学の原理に立ち返って、「もし、すべての現象は与えられる限りで現れるのであれば、愛 charité としての神、ただその愛 charité の内にある神の啓示は、絶対的に、余すところも妥協もなく、絶対にして条件づけられず、無限であるという力量自身で現れるであろう」(p.179) と述べる。啓示が現象化するのは、他の法則ではなく、その与える愛ἀγάπηという固有の論理による。この意味で超越論的で、明らかに他の場所から到来するのであるが、キリストの形象 figure の中で、人間の間で遂行される。他方で、この現象は、志向性が規制するノエシスとノエマという相関関係に基づいて、意味の直観的充実により構成される対象とは根本的に異なっている。「直観が概念の限界を超過する（あるいは概念が直観を保持するために流動化する）飽和した現象と、唯一の現れに飽和のいくつかの可能な形象を結合させるような顕現の単純な現象が問題となるだけではなく、絶対的に、自らが自ら自身を与えるがゆえに、絶対的に自らが自ら自身を構成する啓示の現象[30]が問題となる」(ibid.)。この啓示の唯一無二、空前絶後という性格を人間が理解可能な形象として具現化しているのがキリストに他ならない。

キリストが無限の与えを愛の中で果たしていることから、その現象は無限の現象化で、「神が身を置く肉は《キリストの愛 amour の形 Liebesform Christi》[31]を明らかにし、無限の愛 amour はイエスの肉という有限な身体に現れる」(p.180)。キリストという現象は、また、愛がその定義（無限）により、自らが自ら自身を横溢して拡散するという、auto-débordant と考えられる。明らかに、マリオンは啓示とその可能性（むしろ不可能性と呼ぶべき）の条件に関わる難問の解決を、キリストの形象に見出している。しかし、キリストの形象は、その可視性が《見えない神の姿[32]》を見るという不可視に他ならない。「この形象は、どのような眼差しもそれを自由にしないこと、また共通の視覚の規則を逃れることさえ含意している」(p.181)。それゆえ、啓示とキリストという現象は終わりなき解釈を必要とし、この解釈は「父が聖霊の共同により子の中で三位一体的に自らを示す場や局面」[33]（ibid.）を唯一の出発点とする。

（b）他の場所

すでに明らかなように、啓示は自らを出発点として現れる（自らを現わす）。そして、「自らを与える、このことは、受け取る側に対して、他の場所を明らかにする」（p.183）。それゆえ、他の場所からの与えと自らの自らによる現れ、両者は共通の働きで、この時には、その概念ではなく現象性が問われる。マリオンは啓示の現象性つまりキリストの形象に、「条件づけられない無限と人間の精神の有限性」（p.184）という、啓示の二つの極の緊張関係の解決を確認しようとする。言葉を換えれば、「有限の中の無限、条件づけの中の無条件、可視の中の不可視、これらの現れという（哲学的や形而上学的）な矛盾と不可能性は消失する」（p.185）。なぜなら、「少なくとも、キリスト（彼一人）がその人間的死で完成させたような、自己放棄（有限）に至るまでの与え（無限）の形象の中で、神の論理が、完全に、制限と条件なくして、《風は思いのままに吹く》[34]という愛 amour の**不動の** *fixée* 形象の中で明らかにされた（自らを現わした）」（ibid. 強調は原文）からである。

言うまでもなく、啓示は最も飽和した（最も豊かな）現象で、思惟作用の範囲内の対象に認識を限定する立場（形而上学）では接近不可能と考えられる。マリオンは次のように述べている。「もし、形而上学は、その真理の様式を、対象としての存在者を明証に置くことを保証するような、後退なしの暴き dé-cèlement（*alētheia*）により完成させるのであれば、ユダヤ - キリスト教の**神学** *théo-logie* は、比較できるが異なる、他の明るさに置く様式、発見 dé-couverte（*apokalupsis*）を引き受けないであろうか」（p.192、強調は原文）。形而上学、より適切には啓示の認識論的解釈と命題的理解が、啓示本来の性格という apokalupsis を不明瞭にし、真理の明証性を alétheia とする立場では、apokalupsis にまで思い至らない[35]。

したがって、apokalupsis の可能性の条件は、たとえばカントが意図した、有限な対象の経験の可能性を問う試みを超過する。「この可能性は、愛 charité により、他の場所から到来し、この愛は、今後は、有限な理性にとっては依然として接近不可能で、**不可能として** *comme impossible* 認めない限り**不可能な** *impossible*（考えられない）ままという

事柄を認識するために、最初で（新しい）条件という役割を演じる」（p.197）、強調は原文）。ここで、マリオンは二つの論理、二つの認識の定義が互いに対立すると指摘する。一方で「ego の尺度、それゆえ事物を対象として再定義する悟性の有限性の尺度で認識する」、他方で「悟性の有限性に対する考慮なくして、飽和した現象として現れる、与えられる事物の尺度で認識する」（ibid.）。この対立は目的を異にする理性の働きの違いで、前者は認識する対象の確実性、後者は他の場所の現象性に向かう。また、思惟の様式の優位を悟性や意志に置く、あるいは愛に置くという違いでもある。

この理性の全体にわたる体制、いわば配置の具体例を、マリオンはパスカルの三つの秩序、身体（物体）、精神そして愛に見出す[36]。①身体（物体）の世界は、可感的で世界に属する可視的なことの論理にしたがう。②精神（哲学者や特にデカルト）は数学的な明証性と世界内の存在者を ego cogito（私は思惟する）に基礎づける。③聖人は愛の論理により生き、すべての事柄を見る。このことで、第三の秩序の優位性を確立する。しかし、三つの秩序の区別は先立つ段階の論理を毀損するのではなく、論理を多様化し、相互の補完という関係を明確にする。この点について、マリオンは次のように述べている。「信仰の先立つ介在は、たとえばデカルトにとってのように、**秩序と尺度** *ordo etmensura* が定式化する事柄への経験された所与の導き直しは、潜在的に確かで、**普遍数学** *mathesis universalis* が後にその体系の中に取り込むことができるよう

な対象の内に事物を用意するといった、単純な方法的前件を遂行するのではない」（p.201、強調は原文）。《愛することで知解し、知解することで愛する》[37]。

合理性は愛の中で廃止され、愛の前で消えるのではなく、愛が実行する信仰の下で、愛と歩調を合わせる。「理性は、信仰が提言することを受け入れる限りで、信仰が一挙に完成させる事柄、愛することをすぐに体験する」（p.203）。理性はいわば新しい領域に眼を開かれ、知の作用と愛は接線のように一致する。一言では、他の場所を受け入れる人は、他の場所から到来することを理解する可能性に開かれる。「自ずと中心化された ego から、その人は、決して見る事柄を概念に還元することができないで、その証人となる」（p.205、強調は原文）。信じるために見る、この原理は、見るために信じるという一種の逆説に転換する。

（c）異なる論理

マリオンは他の場所の受け入れによる、中心である ego から証人への立場の変化を anamorphose と呼ぶのであるが、métamorphose という言葉を使わないのは、接頭辞の ana が、上に en haut、後ろに en arrière、隔たって a l'écart、反対方向 en sens contraire、新しい de nouveau を意味するからで[38]、明らかに一つの論理から異なる論理への移行を含意している。では、anamorphose 以前の論理はどのように性格づけられるのか。カントを例として、はじめに「理論的な（純粋）理性の批判以来、認識は、常に絶対的極として把握された認識する精神から出発して働く。——中略——その結果、まさに自ら自身ではいまだ現象化しない《直観の多様》の外では、何も他の場所から ego に到来しない」（p.209、強調は原文）と、次に「実践理性と意志の優位、それゆえ表象の対象の原因としての ego が問題となる時、他の場所の排除はそれだけ倍加する。この場合、ego は完全な自律を要求することさえできる。なぜなら、より一層、経験的な何も、もはやegoを他の場所から決定しない」（pp.209-210、強調は原文）と指摘する。

カントは理性の実践的使用では、意志が悟性に対して優位であると認める。たとえば、「自由の概念は、その実在性が実践的理性の必然的な法則を通して証明される限り、あらゆる純粋と思弁的でさえある理性の建築の要の石を形成する[39]」と述べている。他方で、「意志の自律は意志の特性で、このことで、意志自身は（意志作用の対象のどのよう特性からも独立して）一つの法則である[40]」として、意志の自律を強調するのであれば、他の場所への開かれはより遠のく。ここで、マリオンは「《神的な事物》が問題となる時には、ただ意志（信じるあるいは愛する能力）は、（悟性の中で）新しい認識を可能にし、引き起こすだけではなく、ギィヨーム・ドゥ・サンティエリによれば、《愛すると思惟するとはもはや一つでしかない[42]》」（p.210）と述べる。少なくとも、（神についての）愛の認識では、愛が思惟を正しく導き、理性の理論的と実践的、この区別は必要がなくなる。問題となるのは、anamorphoseあるいは異なる論理は、啓示の神学的知解として、どのような本質的事柄を明らかにするのかである。

一つは、「啓示は、父を子の内に見るために、父が子に向けて人間を惹きつけることにある」（p.214）。他は、「この惹きつけが啓示に値するのは、ただイエスをキリストとして、つまり父の子、不可視の可視として見ることを可能にするという理由による」（p.215）。したがって、啓示の知解は解釈学的にして、egoから対象への向かう志向性は、現れからegoへと反転する。Anamorphoseは、子としてのイエスを通して父へと向かう、「キリストに由来する反 - 志向性 contre-intentionnalité」（p.216 ）を含意している。egoはこの時には、他の場所から啓示が課せられることでegoを失うと考えられるが、このことで今までのego以上のegoに気づき、最も遠い神を最も近くに感じる。啓示がもたらす異なる論理は二つの逆説として現れる。

しかし、異なる論理は逆説に終始するのではない。「覆いが取られる（apokalupsis）ことは、それを信じないのであれば、誰も見ることはできない」（p.217、強調は原文）。また、「それを望むのでなければ、誰も信じることはできない」（p.219）。最後に、「愛さないのであれば、誰も望むことはできない」（ibid.）。結論として、alétheia では認識することは直接に見ることや知ることであるのに対して、apokalupsis では、見ることは愛することと同等である。それゆえ、apokalupsis は自由意志を制限して、望まないことを行わせる外的な強制ではなく、それ以上に、理解なくして実行を求める強権ではない。apokalupsis が人間にとりある意味で圧倒的と思われるのは、与えられることが私の眼差しを超過するからであろう。

論を進めて、マリオンは「どのように、《人間的事物》の認識と《神的事物》の認識を対立させるパスカルの二分法を善用するのであろう」（p.232）と問いかける。前者を veritas あるいは alétheia に由来する哲学的、形而上学論理、後者を apokalupsis に基づく神学的論理と定義すると、少なくとも、概念の水準では両者は対立する。そして、この対立が両者の領域の区画とそれぞれの領域での適切さを示している。それゆえ、マリオンの現象学の視点では、一方から他方の区別は「与えられの様式」（p.235）による。

はじめに、「alétheia では、見ることに与えられる事態は、見る人の水準のままである」（p.236）。真なる認識は直観が概念を同等に満たし、ノエシスとノエマとが同等である。この場合には、私は見るべき事柄を対象として前もって想定している。言葉を換えれば、「私は承認するがゆえに認識し、見ること（直観により）を同定し得る（概念により）がゆえに承認する」（p.237）。ここから、概念により把握される対象である限りの与えられる事柄の中立性と、受け取る側の中立化が生じる。

これに対して、「apokalupsis では、与えられる事態は、受け取る人の水準でないままであり得え、またそうあるべきでさえある」（ibid.）。この場合には、対象を前にした間違いや不確かさといった検証する直観の欠損ではなく、むしろ想定された意味を超過する直観の過剰が生じる。与えられる事態は、受け取る側の尺度や能力を凌駕する限りで現れる。《si tout ce qui se montre se donne,tout ce qui se donne ne se montre pas》（仮に、すべての現れることは与えられるとしても、すべての与えられることが現れるのではない）[43]。受け取る人は超越論的 ego ではなく、あくまで証人であって、飽和した現象に対しては「認識論的不均一性」（p.238）を明らかにする。

次に、alétheia では、私は中立にして距離を置く傍観者という立場から、現象の理解は、現象に立ち入らないことでより良く行われる。「現象は、私にとっては、客観的で対処可能で、独立したまま（vorhanden）であり、私は、使用のために現象を私に合わせないことがないように配慮する（zuhanden）」（p.239）。この時には、現象の後退（誤った認識や不十分な認識の中では現象は十分に現れない）は、私を考慮外に置いて、現象自身の性格と考えることが可能となる。他方で、apokalupsis では、現れはその十分な展開からは後退しているとしても、後退は受け取る側の受容の限界による。「apokalupsis の尺度は受け取り、それゆえ与えられることに巻き添えになる能力に基づく」（p.240）。受け取る人は当事者として、与えられることに直接に、本質的に介入する[44]。一つの逆説は、このような事態を引き起こす切迫した与えは、外部から、他の場所から到来するという事実である。

この他の場所から到来するという事実は、与えられることや現れることは、それを受け取る人なくしては明らかにされないという特徴により示される。ところで、人間の受け取りの能力は限られている。「キリストは、唯一、限りなく自らを与える神を制限なく受け入れることができる」（p.244）。人間の受け取りの有限性は、神による賜りの無限性により判定される。「受容の有限性は、無限に与えられるけれども、賜りであるがまた一つの衝撃として受け取る人の、有限な遮蔽の上で炸裂する限りで示され得る事柄の、現れを統合する部分となる」（ibid.）。やはり、apokalupsis は人間（受け取る人）にとり、驚きや恐怖さえともない、そこから人間の側の抵抗が生じる。

（d）受容の様相

二つの与えられの様式の区別は、当然のことながら、二つの受容の仕方の差異に帰着する。「alētheia に対して、検証は直接に測り得る。真理は明証性が拡大するほどに明らかになる。見る眼を持つ人は誰でも真理を見る」（p.245）。確かに、明証性は容易に獲得できるのではなく、長い探求の結果として到達され、場合によっては、「理性の理念」（ibid.）に過ぎない。しかし、あらゆる問題は明証性により解決可能と考えられる。これに対して、apokalupsis では検証は間接的で、「真理が発見される時には、真理は与えられると同じに（際限なく、最後まで）ではなく、その受容が可能で、望むと同じに（**受容の様式により** ***ad modum recipientis***）現れる」（ibid, 強調は原文）。それゆえ、与えられることが受容の能力を凌駕するのであれば、このことは現れ得ないか、現れてはならない。典型的な例は神である。

ここで、マリオンは「啓示を apokalupsis として定義したことで、三つの概念（証人、抵抗、そして逆説）を再び取り上げることが可能になる」（p.249）と、また「一つの現象（直観が概念のあらゆる定義された意味を水没させる）を見る人は、それを予見する（すでに知られた概念による）、説明する（因果あるいは他の関係による）、反復する（制作と複製による）、調整する（その実験の公準による）ことに決して到達しないと容認するべきである」（p.250）と述べる。飽和した現象の意味は、その現象を見る側ではなく、現象自身から出来《しゅったい》する。しかし、過剰であることで理解不可能となる。「常に、根源的に他の場所から出現するという理由から、特に飽和した現象である限りで、キリストの apokalupsis は、はじめに、すべての人間の意味の欠損を引き起こす直観の過剰を課する」（p.254）。キリストの名は、理解不可能なこと、名それ自身と受け取られるとしても、このことの意味は人間の論理に相反するという、「一つのロゴス *logos*、ロゴス *Logos* の名で人間のロゴス *logos* に逆らって進む、形而上学に対する Une métalogique」(p.255、強調と大文字は原文)である。

あらためて、apokalupsis という視点から、証人という概念が論じられるのであるが、受け取る人を特徴づけるのは証人という立場で、「私 *je* に証人が置き代わらなければならない。証人は見る、また議論の余地なく見る。しかし、過剰な直観を概念の総合(再認による)あるいは意味の(ノエマ的)構成の中に記入するには至らない」(pp.255-256、強調は原文)。それゆえ、証人は見る、聞くといった行為で受け取った事柄を語るとしても、語る内容の理解は不確実なままである。仮に、証人が明確な意味を語り得るとしても、その意味は証人である私が志向的に構成するのではなく、あくまで現象自身(他の場所)に由来する。私はもとより超越論的ではなく、「超越された私 *je*、借り物の私 *je*、賜りとして受け取られた私 *je*」(p.258、強調は原文)にすぎない。

証人に続いてあらたな考察が向かうのは、飽和した現象としてのキリストの出現という逆説である。「逆説は経験の中で現れる(飽和した)現象を記述するために、経験の可能性の(有限な)条件に反論しつつ *contre*-**disant**、正しい論理的形式を提供するであろう」(p.263、強調は原文)。逆説は経験を無効にするのではなく、むしろ対象として把握されることを拒否するような現象性を記述可能にする、この意味で経験の拡大をもたらす。「逆説は、対象化できない、そしてそれ自身から出発して与えられるがゆえに、それ自身の内で現れるような現象に由来することで、より一層明らかな経験の記述を可能にすることで、経験を拡大する」(ibid.)。マリオンはこのような逆説により拡大された経験を《反 - 経験 contre-expérience》(45)と名づけるのであるが、《contre》が難題を含意している点を忘れてはならない。

啓示が有限にして自然（本来聖性のない）という人間の世界への、キリストを通しての神の介在と理解される時には、その十分な受容と理解は決して容易ではない。「確かに、啓示がある。しかし、まさしくこの道は曲がりくねったままであるのにもかかわらず *bien que*、それ以上に曲がりくねっていることをより良く示すために *afin de*」（p.264、強調は原文）。それゆえ、啓示という反 - 経験は、特に飽和した現象としての記述が必要で、この場合には、私は証人の立場にある。それに加え、「啓示という飽和した現象の中で顕現することは、そのアルファ *alpha* とオメガ *omega* として、たった一つの過剰、愛 charité の過剰に関わる」（p.266、強調は原文）、この事実の考察が求められる。

（e）théo-phénoménologie

マリオンによる啓示の探求は、一言では、存在 - 神論 onto-théologie（形而上学）[46] の批判と、与えの現象学 phénoménologie de donation に基づく、神 - 現象学 théo-phénoménologie の展開と言える。この展開の基礎となるのは、神の第一の名を存在と考える（出エジプト記の形而上学）に対して、神の名の一つは存在であるとしても、神の愛と善性は存在をはるかに凌駕するという立場である。したがって、たとえば神自身の存在を、因果関係の適用により存在の原因として証明しようとする企ては、典型的な形而上学として斥けられる。[47] 他方で、私は志向性（ノエシス - ノエマの関係）により現象の意味を構成する主格から、現象を受け取る与格へと転換する。

このような théo-phénoménologie の展開は、異なる角度から見ると、最も根源的な現象の与え、経験から出発して、経験に制約されつつ、経験を超過する領域に及ぶ歩みで、この点では聖トマスに代表されるアポステリオリな形而上学と軌を一つにしている。しかし、théo-phénoménologie は存在とは異なる視点に立つことにより、アポステリオリな形而上学とは明確に区別される。ここで指摘するべきは、マリオンは常に思惟（自然的理性、ギリシャ的ロゴス）に基礎を置いていることで[48]、その歩みは、アンリの形而上学的欲求に対して、形而上学的思惟と呼ぶことができる。そして、前者は形而上学とは異質の立脚点を求めることで、形而上学の批判は不十分なままと思われるが、後者は形而上学と同じ立脚点でありつつ、存在という契機を可能な限り避けることで、より一層形而上学の批判に傾注する。

飽和した現象、auto-donation（この意味ではアンリと共通している）は、既に見られ、客体化により把握された経験からは解放され、あらゆる地平から自由であると言えるが、このことの理解は経験に基づいてはじめて可能となる。つまり、経験を極限まで推し進めた結果、経験を超過する現象に遭遇するのであって、言葉を換えれば、ロゴスとパトス、この両者の対立によるのではなく、前者の徹底化が逆説的に méta-logos に至る。マリオンがアンリと決定的に異なるのは、前者はあくまでロゴス、théo-phénoménologie を展開していることによる。

第四章　比類なき現象

Ⅰ　公現

啓示は apokalupsis、飽和した現象として定義されるとしても、最も適切な定義は測り知れない愛 charité で、「キリストは、啓示という現象は飽和し、飽和させるという要素、愛を確固とする」(p.267)。それゆえ、啓示の理解はキリストという現象の理解となる。マリオンは次のように述べている。「啓示は光景、一つの形を見ることによるのではなく、言葉の開かれと名の表れにより露わとなる」(p.291)。この指摘は、明らかに、出エジプト記3、4「神は柴の間から声をかけられ、モーセよ、モーセよと言われた」を念頭に置き、言葉と名は他の場所から到来し、私に由来するのではないことを明確にする。「モーセはヤーウェを見たのではなく、茂みを見に行き、名を聞いた。このように、名がモーセを呼び、現れた」(ibid.)。ここでマリオンが強調するのは、啓示の現れあるいは与えられることは、言われるのであって、可視性ではなく、不可視性によるという事実である。[3]

この点を踏まえて、「イエスは、ユダヤの聖書（旧約）が実行するような神の発見の諸項目を変更するのではなく、それにその完成自身以外の何ら新しいことをもたらさずに、完成させると主張する」(p.298) と指摘する。イエスの新しさは、旧約への添加ではなく、旧約を実行に移して完成させるという、イエス自らの到来にある。[4] ここでマリオンが言及するのは、神の顕現の無限の力に対する、受け取る側の有限な無力で、「パウロの最初の論点であるが、現象化の働きの秩序を逆にしなければならない。なぜなら、現れは、はじめに承認なくしては、自らを知らせることができない」（p.306）。承認が認識を喚起し、事後に復元する。「現象の点で、神の現象が問題となる時には、真理（alétheia、dé-voilement）は現象の発見 dé-couvrement（apokalupsis）に道を譲る。**奥義の発見は真理の開示を多元決定する** *La dé-couverte du mystère surdétermine l'ouverture de la vérité*」（ibid. 強調は原文）。しかし、この逆説の理解はいくつかの条件を必要とする。

はじめに、志向的眼差しを持つ私の回心で、マリオンはこれを anamorphose と呼ぶのであるが、神の奥義では、私の視覚、解釈、構成等は不可能で、唯一賜りという、いわば神の側の志向性が働く。「志向的眼差しの間の、つまり超越論的観点と anamorphose の間の隔たりは、解釈の不可避の争いの場を開く」（p.309）。この争いとして示されるのは、ギリシャ的な知恵と anamorphose との対立で、マリオンはパウロの言葉《この世の知恵ではなく、神秘としての神の知恵》[5] を引き継ぎつつ、「知恵は、ギリシャ人には、あらゆる哲学者に対するのと、あらゆる自然的態度の中と同様に、まだ知られない何らかの事物の探求に着手することにある」（ibid.）と述べている。他方で、「anamorphose の欠如の徴候である《探求》は、私は探求で事物の所有とそれに対する支配の拡がりを望んでいることを強調しつつ、多くの否定的言及を受け取る」（p.310）と明言する。

マリオンの指摘はユダヤ人にも及ぶ。「ユダヤ人もまた《探求する》。まさにその時、《知恵》の代わりに《しるし》を求める」（ibid.）。この発言は、やはりパウロの《ユダヤ人はしるしを求め、ギリシャ人は知恵を探しますが、わたしたちは、十字架につけられたキリストを宣べ伝えています》[6] という言葉を引き継ぎ、「ギリシャ人とユダヤ人は、まったく同様にその志向性の anamorphose、実際には、その眼差しの方向転換を拒絶する」と指摘する。ここで問題となるのは、明らかに、この世の知恵、ギリシャ的ロゴスの権威に対する異なるロゴスで、その本質的差異は、後者には力が備わる点にある。「この力は、突然にこの**ロゴス** *logos* の中で、志向性の anamorphose により、それゆえ心の回心から、眼差しは**奥義** *mustērion* が顕示されるのを見ることから出現する」(p.311、強調は原文)。たとえば、賢さと愚かさは一種の逆説あるいは chiasme (「この世の知恵は、神の前では愚かなものだからです」[(7)]) として理解され、この chiasme は、やはり超越論的観点と anamorphose の間の隔たりに基づく。

　この隔たりは、神は世界の観点とは絶対的に異なる観点から現象を見させることにより生じ、根源的な anamorphose は同じ現象を反対の相で明らかにする。顕著な例として、現象としての存在者 étant は non-étant に、non-étant は étant に反転する。言葉を換えれば、「étant と non-étant の間の差異は無効化される。なぜなら、神は自らが存在、それゆえに存在と存在者との差異自身から除外されているからである」(p.315)。ここで、マリオンは「anamorphose は、存在の中の存在者さえも様相を変えて dé-figurer、再形象する re-figurer までに広がる」(p.316) として、次のような修辞疑問を述べる。「どのような権利により、存在者が《知恵の奥義》に含まれる時に、存在はそのことを除外されるのであろう」(ibid.)。

Ⅱ　charité

　キリストという現象に接近するためには、愛 charité の理解が不可欠で、愛は神が望んだ意図から出発して人間を包み込むことを確認した後に、以下の考察が求められる。「愛の地平の中では、認識することは、人間がその志向性により、構成し、取り込み得るような、この対象やこの存在者の内に現れる事柄を同定するのではなく、際限のない誇張で、眼差しを飽和させ、水没させる過剰を承認することにある」(p.318)。

この主張で印象的なのは、認識 connaissance の承認 reconnaissance という回帰的性格と、誇張や過剰という言葉と思われる。そして、マリオンはこのような通常の認識を超過する認識を次のように特徴づける。「哲学の知恵は、空間を記述するために、決して三つの次元（大きさ、長さ、高さ）しか動員しなかったのに対して、誇張的な愛は四つの次元（大きさ、長さ、高さ、そして深さ）で記述される」（ibid.）。では、深さは何を意味するのであろう。

この深さ profondeur という言葉は、強度 intensité、力 force、激しさ vivacité、徹底的 radical[9] という意味を合わせ持ち、水没させる submerger 、含ませる englober という動詞と密接に関連する。それゆえ、愛は世界の空間によっては理解されず、もとより世界には帰属しない。「三次元の空間は、一つの対象としての私 moi に対して現れることを見させ得るだけである。他方で、四次元の場は、飽和、この場合、まさに有限な眼差しに現れるあらゆることの彼方に与えられる事態として、異なる仕方で与えられる事態を決して現象化できない見る人、moi を飲み込む、充満させる愛という飽和を体験することを課す」（p.318）。三次元と四次元、この差異は、神に対する場合と他者に対する場合の二つの愛、charité と amour（両者は往々にしてともに働くとしても）の根源的な区別を基礎づける。神は最も遠くて最も近く、他者は最も近くて最も遠いのであるなら、また現象性の観点では、charité は無限で、amour は有限と考えられるとすれば、charité があってはじめて amour が可能となる。

私は主格ではなく、与格であるとともに対格として、本質的に神と他者との関係の中にあり、与格は donation が、対格は charité が可能性の条件となる。「与えられる愛の無限の誇張を示すことのできる唯一の眼差しと唯一の視点は、キリスト、つまり無限であるが人間の肉の中の唯一の現象学的眼差しに見出される」（p.320）。キリストの眼差しが愛の奥義を実際に働かせ、この奥義はキリストの奥義に他ならない。

「愛の奥義は、ただキリストにより発見されるだけではなく、キリストの中に、キリストとして発見される」(p.321)。キリストは愛を実行し、その人格の内で働かせている愛それ自身で、一言では、神の不可視性のあらゆる可能な現象性を可視化する。

愛は、いわば正面で、対象の様式で見るのではなく、「その場の内で、住み着くべき」(p.325)である。翻って考えれば、「わたしは、キリストと共に十字架につけられています。生きているのは、もはやわたしではありません。キリストがわたしの内に生きておられるのです[10]」(ガラテヤの信徒への手紙2、19‐20)。anamorphose により、一つの視点を他の視点へと移行させる。視野の新しい角度に達するために、眼差しの方向を変える。その時に、「気づかれないでいたこと、奥義がそれ自身から出発して明らかになり得るであろう」(p.326)。anamorphose、言葉を換えれば、他の場所への接近に開かれる眼差しは、要請されるのであって、これにより、「奥義は、すべての認識を凌駕する愛の現れとして、発見され得る」(p.330)。「主イエス・キリストを身にまといなさい[11]」(ローマの信徒への手紙13、14)。

Ⅲ　mystère

マリオンは次のように述べている。「隠されていると同時に、すでに露わにされ得る（されるべき）と指示されている奥義は、apokalupsis に対立する事柄、抵抗する障害ではなく、apokalupsis の背景、由来する地盤を構成する」(p.331)。それゆえ、奥義は apokalupsis の発出を消し去るのではなく、まさに深みを暗示する。そもそも、発見は隠されている事柄がその原理で、apokalupsis は奥義を証拠立てることで明らかになる。「いわば現象化の原理――奥義があるだけ、apokalupsis がある――が問題で、この原理は、聖書神学では、現象学の他の獲得された原理：還元があるだけ、与えられることがある、に反響する」(pp.331-

332)。明らかに、キリストによる神の御業の到来は、それなくしては隠されたままであった事柄の出現という経験をもたらし、この意味で、奥義は啓示された限りの隠された事柄と考えられる。

ここで、マリオンは一つの逆説を指摘する。「人間は、キリストの自らによるapokalupsisの前で、自分自身を明らかにする(それゆえ、行いと心の中で裁かれる)に任せるか否かを決めるということにより、発見は、最終的には、人間次第である」(p.336)。つまり、キリストは何も強制することなく、人間の決断に期待する。「この方においては然りだけが実現したのです。神の約束は、ことごとくこの方において然りとなったからです[12]」(コリントの信徒への手紙2、1、19-20)。例として、福音書には譬えが多く、「譬えは会話を開始するのではなく、一つの回心の仕方を呼び起こす」(p.337)。マリオンは譬えの特徴を、①キリストの教えに固有の様式、②奥義の発見、③聴く人々の区切り(然りか否かの決断)と定義するのであるが[13]、最も顕著なのは、奥義の発見である。

キリストの使用する譬えは、架空の作り話ではなく、ありふれた日常の話題であり、寓話とは異なり、「譬えにより、イエスはその聴衆に、衝突であるかのように、向かい合いの衝撃によって、未だ考えられないままである奥義を、少なくとも聴衆が聴くことを期待するような用語で、返答として、予感させる(吹き込む)ために、明白で通常の真理を投げかける」(pp.344-345)。奥義は飽和した現象として、人間が自由にできる意味を横溢し、この点で意味を欠く不可解であるなら、譬えは直接に新規にして過剰な意味を伝えるのではなく、「この新規さが理解され、体験され得る場を開く」(p.347)。しかし、譬えは考えられないままの奥義を聴衆に伝えるとしても、すべての聴衆が然りを言うとは限らない[14]。奥義の発見には、必ずその否定がともない、否定は奥義の本質的な部分と言うことができる。

マリオンはあらためて逆説に言及する。「譬えは何も、つまりどのような対象、存在者を語ることなく語る。けれども、聴衆が可能と見なしている以外の可能性を示唆して聴衆に差し向けられる。譬えは人が言い得ない、**不可能なこと** *l'impossible* を語る」（p.349、強調は原文）。奥義と譬え、両者はただ逆説というその本質的な様態で明らかにされる。このような事態は、本来 apokalupsis は他の場所に由来する意味の受容であり、唯一世界がもたらす意味とは根源的に異なることによる。「すべての呼びかけは、応答がそれを少なくとも部分的に、明らかにしない限り、無言で知られないままという規則を忘れてはならない」（p.358）。時間的な前後関係に関わらず、呼びかけは応答によりはじめて成立する、これもまた一つの逆説で、呼びかけは特に然りという受容により理解される。

　では、受容はいかにして可能となるか。このいわば不可能の可能は与えられる以外にはない。「ペテロが使徒の典型となったのは、《生きる神の子》を告白するに至ったことに加えて、そこに自分自身で至ったのではなく、恩寵と父の意志、それゆえ聖霊がそれを与えたからである」（p.360）。この事態はイエスにとっても同様と考えられる。「ペテロによる、イエスの《キリスト（救世主）、生きる神の子》としての承認は、父の賜り、イエスの期待への父の返答を構成する」（p.361）。受容は人間の意志により構成されるのではなく、他の場所から出来し、父の意志に基づく。「イエスを子とする、神秘的な起源は、**奥義** *mustērion*、父の**名**の中に見出される」（p.374、強調は原文）。「わたしは自分勝手に来たのではない。わたしをお遣わしになった方は真実であるが、あなたたちはその方を知らない。わたしはその方を知っている。わたしはその方のもとから来た者であり、その方がわたしをお遣わしになったのである」（ヨハネによる福音書7、28 - 29）。

　したがって、他の場所への接近の道は、他の場所自身以外にはあり得ない。「解釈学的円環に入り込むように、anamorphose によって」（p.378）。イエスはまったくの神の賜りとして他の場所から到来し、「**父は、与える限りで子を発見し、子は、与えられる限りで父を発見する** *le Père,en tant qu'il donne,dé-couvre le*

Fils ,et le Fils,en tant qu'il se donne,dé-couvre le Père」（P.379、強調は原文）。それゆえ、イエスをキリストとして受容する時、イエスは他の場所、神という他の場所として受容される。もし、イエスは神の子として、その賜りとして来たのでなければ、キリストの現象性はすべて失われる。「**現れる人、キリストを、与える人、父の視点自身に位置する以外には、誰も見ることはない** *Celui qui se montre,le Christ,nul ne le voit qu'en se plaçant du point de vue même de celui qui le donne, le Père*」（P.385、強調は原文）。あくまで、イエスのキリストとしての承認は、神への差し向けを含意している。

マリオンはこのキリストの現象性の根源に関わる条件を次のように述べる。「はじめに、イエスは、父の子である限り、それゆえキリストをイエス自身に与える父への本質的依拠以外では、キリストの資格に値しないからである。次に、イエスは、父の視点でイエスを見る人にだけ自らを示し、見させ、承認させることができるからである」（p.386）。キリストを与え、その現れを可能にするのは、神に他ならない。「父は現れる人を与え（子の**贈与理拠** *ratio donandi* として）、子は自ら与える人を示す（父の**顕現理拠** *ratio manifestandi* として）」（p.387、強調は原文）。anamorphose は、言葉を換えれば、イエスに対する人間の眼差しから、子であるイエスへの神の眼差しへの移行と考えられる。

Ⅳ　position

父と子、神とキリスト、この両者の関係は、マリオンの言葉を使えば、キリストの可視性を通して神の不可視性に至る可能性で、イエスはキリストの役割を引き受けるとしても、神と混同されず、差し向けられることで、その神への依存という本質を明らかにする。やはり問われるのは、父と子はどのように同等性を維持しているのかである。「イエスにとり、神との同等性は、神がすべてを与える父として現れる働きの中でだけ作用する」(p.389)。つまり、同等性は神の与えるという働き、「贈与の論理 logique du don」(ibid.)によって成立する。このことは、一つの逆説で、父から子、子から父への相互の隔たりを明らかにし、「同等性は、何よりも、父の子に対する原理的な優先（先行）性を承認することを含意する」(ibid.)。同時に、相互の隔たりは、また逆説的に、父と子との一体性を強化し、親子関係を完成させる。

ヨハネによる福音書5、19‐20「子は、父のなさることを見なければ、自分からは何事もできない。父がなさることはなんでも、子もそのとおりにする。父は子を愛して、御自分のなさることをすべて子に示されるからである」[15]。この言葉によれば、もはや自由に振舞わない、自ら以外の他者に身を置く、一言では「他の場所が soi を独占するに任せる」(P.392) ことで、「キリストは、子の資格で、絶対的にして余すところなく、父の視点に依拠する限りで、誰もキリストと同様に完全に、anamorphose を成し遂げない」[16](ibid.)。それゆえ、イエスはキリストとなることで、人間の中で、肉の内で、与えられた役割を果たすという意味で、時間性は被造物の条件に、永遠は神に帰属するなら、その受肉は、両者の混同も分離もない結合に他ならないと言える。

あらためて、マリオンは「イエスがキリストの資格に値するのは、父の子として現れ、父の意志を自らの意志とし、子として繰り広げる意志の中で、父自身を明らかにすることで、まさにただ父の意志を実行して完成すること以外にはない」(p.398) と述べるのであるが、このイエスの父に対する子の立場の強調、キリストの位置の明確化は、その théo-phénomenologie の中心となる概念の一つであるイコンへと論を進める布石と考えられる。そして、「人間が現れる事柄を見ることができるのは、ただそれを与えられるように受け取る、つまり自らを与え、見ることを含むすべてを与える人に受け入れられることによる」(p.399) と明言する。イコンの理解には、この人間の与格であるとともに対格という基本的性格の再確認が求められる。

コロサイの信徒への手紙1、15「御子《みこ》は、見えない神の姿であり[17]」、3、10「造り主の姿に倣う新しい人を身に着け、日々新たにされて、真の知識に達するのです[18]」。マリオンは、これらの言葉について、「(可視により）重複された不可視ではなく、不可視の他の場所から到来する反転された可視が問題となる」(p.401）と指摘する。もとより、「いまだかつて、神を見た者はいない[19]」(ヨハネによる福音書1、18）のであれば、キリストが現わす神は、人となった子の顔に父が差し出す可視性に限られる。キリストを見ることが、神の顕現と同等であるのは、神の賜りに他ならず、ヨハネによる福音書3、16「神は、その独り子をお与えになったほどに、世を愛された[20]」。マリオンの立場では、イコンはその donation の現象学の典型となる例証で、この意味に限って、啓示とイコンは同義と考えられる[21]。したがって、キリストは可視的なイコンの内で、神（不可視）が与える賜りとして自らを現わすとともに、むしろそれ以上に神の donation を人間に明らかにする。

V　voir Jésus

イエスを見る時、その顔 face（表面 surface）から、子という意味の深さにより父に思い至るならば、与えとしてのキリストの可視性から、与える神の不可視性を承認する。マリオンは、このイコンの可視と不可視という現象の逆説に、より本質的な逆説を見出す。「神が問われる時、神を理解すると主張するのは何ら意味を持たない。より可能に、どのようにして正しい理解不可能性 incompréhensibilité に入り、とどまるべきかを理解することだけが問題となる。なぜなら、神が理解可能となれば、もはや神は問われていないであろう」(p.407)。神の理解としてふさわしいのは、その incompréhensibilité を最も良く理解することで、マリオンの神についての言説は、人間の側からする invisibilité、incompréhensibilité、そして impossibilité を特徴とする。この神と人間との絶対的隔絶という点では、表現の仕方は異なるとしても、アンリやバルトと軌を一つにしている。

ところで、父と子との一体性は、当然に三位一体という議論を導く。マリオンは unité と unicité の区別[22]と結びつきを考慮しつつ、「三位一体[23]の拒絶は、どのような対立を見てきたとしても、神性 divinité と unité の同一性を嘆く、あるいは強めるために、両者を同定することに基づく」(p.413) と、また「子であり、ただ父の意志を行い、その《最後までの[24]》成し遂げの内にある限りのキリストの現れにならって、神的な unicité は**愛** *ἀγάπη* の共同体を実行する」(P.414、強調は原文) と述べる。もとより、神に対しては述語や属詞はないのであって、「厳密に言って、神は第一であってさえ、実体という地位には身を落とさないで、**実体性を凌駕する** (*ultra substantiam*)」(pp.425-426、強調は原文[25])。マリオン自身が「啓示は三位一体を知らせる」(p.429) と明言しているように、愛の共同体により、unité と unicité とは区別されつつ、ともに (trinitairement) 現れる。

マリオンの課題は、したがって、三位一体の主要な二つの解釈の難点を明確にして、それに代わる théo-phénoménologie の立場からの理解を示すことにある。一つの解釈は、実体という視点から、「共同体による結びつきを悪しく配置された triplicité と unicité に解体する」(p.467)。この解釈は、三位一体とは本来異なる視点《la thématique ontique》から出発し、啓示はそれを受け取る側とは異なる場所から到来する点を見落とす。他方の解釈は、「unité を、三位一体という共同体により、概念の連鎖の論理的地平の中で繰り広げることを試みる」(p.468)。この場合には、「精神の論理、あるいは (同じこととして) 形而上学的な合意により、思弁的な命題から出発して、三位一体の共同体は愛の奥義から引き抜かれる」(ibid.)。一言では、三位一体を概念の論理により考えようとして、愛の論理を顧慮しない。いずれにしても、二つの解釈は、三位一体の本来の場所（他の場所）とは異なる別の場所から出発する。

ここで、「二つの解釈は、そこから三位一体が明らかになる他の場所を中性化する」（ibid.）と言われるのであるが、中性化というのは、三位一体を愛の外部に、つまり人間の時間性と世界の中に置くことに他ならない。「他の場所の中性化は、anamorphose の拒絶である」（p.469）。そして、次のように述べられる。「三位一体は、常に共同体の結合に帰属し、この共同体自身の中で、その現れの条件と次元を保証するような契機の内で展開するべきである」（p.470）。聖霊については、「聖霊はキリストをして父の子と告白させる」（p.472）、あるいは「聖霊は人間を子にするのであるが、ただ神を父としてあえて告白するように仕向け、それに導くからではなく、またキリストの親に対する子の立場と条件の中に人間を招じ入れるからである」(ibid.) と明言される。聖霊はイエスを子として承認させることで、神の父性を明らかにする[26]。

同時に、三位一体の理解は他の場所を、他の場所は anamorphose を要請する[27]。anamorphose は、あらためて確認をすると、志向的 ego の観点からの移行、私の主格から与格、対格への転換であるが、マリオンは論を進めて、「anamorphose が求める場は、独占的に聖霊により定義される」（p.474）と主張する。具体的には、「anamorphose の案内人である聖霊は、ego を、はじめは国外追放、約束されただけの未知の土地と思われる他の場所に沿って、その立地、その安全地帯、より適切にはその方法的確実さの外部に導く」(p.475)。それゆえ、信仰とは希望で、ローマの信徒への手紙5，3‐5「わたしたちは知っているのです。苦難は忍耐を、忍耐は練達を、練達は希望を生むということを。希望はわたしたちを欺くことがありません。わたしたちに与えられた聖霊によって、神の愛がわたしたちの心に注がれているからです[28]」。

VI　イコン

イコンは次のように明確に定義される。「キリストは不可視のままの父の可視的イコンとして現れる。なぜなら、その顔に**適切に** *comme il convient* 視線を注ぐことで、信者はイエス、ナザレの大工の子をキリス**トとして** *comme* 見るだけではなく、またキリストを子である**として** *comme* 見る。結局、子を父であると**して** *comme* 見る」(p.475、強調は原文)。イコンは一つの顔に子と父が示されるという二重の可視性であるなら、両者の三位一体という同一性が現れの共同体という推移の中に見出される。このようにして、「発見と理解された啓示の基本的な逆説の中で考えることが問われる事柄は、イコン的にして三位一体的に iconiquement et trinitairement 成し遂げられる」(pp.480-481)。では、trinitairement と言われる時に、聖霊はどのように関わるのであろう。

明らかに、イコンの現れは、二重の可視性が唯一もたらすのではない。「イコンの現象的機能を完成させるためには、二重の可視性に加えて、恩寵、つまりまったく同時に、賜り、イコンを見て取る技術と仕方が必要となる」(p.485)。マリオンは、キリストが受け取ったのはまさにこの恩寵、賜り、技術で、聖霊の働きがこの体験を可能にすると考える。「イコンは、神が恩寵、イコンを**適切に** *comme il convient* 見る技術と仕方を賜る限りで、子を父であるとして comme 見させる。また、神はこれらを、**イコンを見させるがゆえに、イコンの中では不可視にとどまる人** *celui qui reste invisible dans l'icône parce qu'illa fait voir* という聖霊であるとして *comme* 賜る」(ibid. 強調は原文)。それゆえ、子の中に父を見させる、イエスの顔の上に子をキリストとして示すことで、聖霊の divinité が明らかになり、「聖霊は、神学のただ一つの構成 économie、神の三位一体的な発見の演出家という働きで、子の中の父のイコン的視覚への接近という、現象的な道として課せられる」(p.486)。しかし、聖霊の働きを十全に受け取るためには、anamorphose が不可欠となる。

すでに、anamorphose は眼差しの移行と定義されているが、イコンが典型的にこの移行を要求し、イコン的な眼差しにより、キリストの顔に子、そして父の現れを見て取ることになる。この時、聖霊はいわば演出、視覚化、発見の役割を演じることで、キリストの父による栄光の中に、神の親子関係の栄光を湧出させる。マリオンの三位一体の理解は、その現象学の結実とも言える。「三位一体は、与えられるとして以外は理解されない。つまり、その聖性は、それを受け取る、したがって聖霊が《人間の心の内に拡散する》聖性にだけ明らかになる」（p.492）。端的に、三位一体の存在的範型 modèle ontique を斥け、贈与の現象性 phénoménalité du don という観点で解釈する。「三位一体の発見は、その完全な働きの中で、三位一体を告白しつつ、それを成し遂げること、愛という正しき anamorphose により、子の見取りを可能にする（与える）聖霊の恩恵により、また聖霊とともに、子を父のイコンとして見ることにある」（p.493）。三位一体の発見は、何よりも、anamorphose の acte（行為、現実態）により可能となる。

イコンの可視性と不可能性という論題に戻るならば、「父と子の不可視の（内在的）共同体は、不可視（そこでは、明らかに子は父とともにある）と、可視（そこでは、父を見出しつつ、子は肉と身体の内に現れる）の間の共同体に拡がる。可視とされたキリストの身体の中で、可視は三位一体すべての現れの唯一の場となるのであるが、不可視から可視への移行は、最小の治外法権、外在性あるいは疎外も課することはない」（pp.497-498）。マリオンが強調するのは、三位一体は父を親子関係の内在性の中で見て取るという点で、「あらゆる現象性の隔たり、あるいはむしろ一当《ひとあた》り、すなわち可視と不可視の間の移行は、三位一体の内部自身で繰り返され、理解され、現象化するために、決して外在化を強いられない」（p.498）。三位一体の存在的範型とともに、歴史的範型 modèle historique[29] が斥けられる。

ここで、マリオンは三位一体の現象的範型 modèle phénoménal を提言する。「三位一体は、**目ざされた**

不可視 *invisible visé* として、不可視を見透かし *transparent à l'invisible*、不可視のイコンとして目ざされた可視 *visible* として、そして目ざす不可視 *invisible visant* として、唯一の現象性の三つの次元により発見される」(p.500、強調は原文)。このように、三位一体はイコンにより、イコンは三位一体により解釈されるのであるが、いずれにしても、イコンは啓示の視覚を通しての現れであって、後者の métamorphose と考えることができる。

Ⅶ　贈与の観点から

三位一体の現象的範型の提言は、聖霊の持つ贈与という性格の解釈へと論を進める。「聖霊はすぐれて与える。なぜなら、与える事柄を与える（一人の配達人、単純な与件と名宛人の間の仲介者、引き渡す事柄から自由で、配達する事柄から解放されている）だけではなく、自らを与えることで与える。それゆえ、与えが可能となることを与え、donation の論理により、贈与の実践を可能にする（与える）」(p.504)。聖霊は贈与を行うとともに、donation の原理を明らかにする。「この与えられた贈与と donation 自身の聖霊の内の同一性が、唯一の《共同体》の中で、内在的な三位一体の他の二つの次元、《贈与の贈与者》、父と《贈与者の贈与》、子を確証する」(pp.505-506)。しかし、聖霊は自らを与えるのであれば、なぜ現れる（自らを現わす）ことがないのであろう。

マリオンは次のように述べている。「聖霊の不可視性は、イコン的な《唯一の形式》（三位一体）の照準の障害、制限ではなく、この照準の究極の条件を構成する」(p.507)。つまり、「贈与者の可視性は、贈与の背後にとどまることで、贈与を条件つき贈与にする」(p.508)。この事実は日常の経験により十分に理解される。たとえば、贈与者が匿名でない場合には、そこに贈与者の特別の好意が示され、受贈者に感謝の意という配慮を強制することになる。これはある意味の交換で、真の贈与は匿名であり、恩恵 grâce は本来的には 無償 gratia（gratis）に他ならない。「現実に成し遂げられた贈与は、ただ他の場所から到来することができる。それゆえ、一つの奇跡として、原因なく、既知の起源なく、可視の贈与者なく出来する」（ibid.）。ここでも、逆説が支配し、贈与者がその贈与を可視的にするのは、贈与者自身が不可視になる時に限られる。

聖霊は見させるがゆえに、自らを見せない。anamorphose の働きにより、視覚の配置を変え、キリストの顔面 visage が子の顔 face、それ以上に父のイコンとして見られるように眼差しを導く。「聖霊は、子の透視の中に、不可視の父を目指し、見ることをさせつつ出現する。自分自身を見させないで、見させる事柄の中では姿を消すだけではなく、与えられ、受け取られ、そして返される贈与の中で現れ、donation の論理を見させる」（p.512）。この donation の論理は、やはり一つの逆説で、聖霊がもたらす贈与は、人間の世界で通常理解されている贈与、例として物品や資産の贈与とは根本的に異なる。与えると受け取る、両者の要請、示唆に限られ、いわば《存在なき贈与》により、贈与本来の姿を示す。与えられるのは、贈与性 donabilité と受け取り可能性 acceptabilité に他ならない

聖霊が完成させる贈与を、マリオンは《あり余る redondance》[30]という言葉で表現する。「聖霊は、あり余る赦し（無償の贈与）により、贈与者（父）の贈与を、あり余る犠牲（当然与えられるべき贈与）により、受贈者（子）の贈与を成し遂げる」（p.518）。それゆえ、聖霊は don よりむしろ donation を明らかにすると考えられるのは、父と子の贈与をその十全さの内に完成させることによる。また、これにより、共同体が構成される。「三位一体の単一性（統一）uni（ci）tée は、ただその現れの三つの点、三人の操作者、その顕現の三人の働き手の内に見られる。つまり、不可視の聖霊による眼差しだけが導く anamorphose（志向性の観点の移動）にしたがって定義される視点により、《不可視のイコン》として可視的な、子の透視の

中で発見されるべき不可視の父」（p.519）。三位一体は、三つの異なる契機にもかかわらず単一として現れるのではなく、贈与の働き手が三者であるがゆえに共同体を構成する。この顕著な特徴が可能であるのは、logique du don あるいは ratio　donationis に支えられているという理由による。

Ⅷ　abandon

マリオンは「人間が三位一体という場所に入るのは、イエスがどのように、また何ゆえに聖霊の中で父の子であったかを示した時、人々の間で遍歴した行程と同様の他の仕方の行程、他の場所という同じ行程を反復することによる」（p.524）と述べている。このイエスの行程とは、神の子が天から地に下り、十字架の上の死に至るのであるが、復活により神の栄光に再び上昇するという、劇的な下降と上昇の行程（ケノーシス）である。そして、人間による反復とは、超越論的 ego[31] の放棄であろう。他方で、「ギリシャ語では、服従は聴く、呼びかけを聴く、それゆえ贈与の受け取りと等しく、救済は取得という暴力により所有されるのではなく、（贈与のあり余り、犠牲による）というように、受け取られた贈与として到来する」（pp.536-537）と指摘する。三位一体、他の場所、redondance、そしてこれらへと導く anamorphose は、「soi を無視するまでに神を愛する」（p.537）ことを要請し、救済は私以外の他の場所から、贈与として到来する。don は abandon によりはじめて可能となる。「十字架上のキリストは、永遠に、ただその魂に固執する人がそれを失い、魂を放棄する人がそれを救うことを証している」（p.538）。

ところで、マリオンはケノーシスを、存在という視点から論じる。「ケノーシス、別の言い方では、《神と同等の存在》の括弧づけは、意味として、子は自由にその神性を放棄する（また、場合によって、その存在者の存在の所有を保持する）ことができると明らかにするのではなく、子はその神的な親子関係を、その*son*存在、存在、どのような所有、どのような実体に結合した固執にではなく、父の贈与の三位一体的なあり余りに負っていることの開示を目的とする」(pp.540-541、強調は原文)。マリオンの立場では、ケノーシスは存在自身を括弧に入れることで、イエスをその存在と切り離すことを意味する。キリストとして神と同等の栄光に復帰することができるのは、唯一あり余る恩寵によるのであって、この意味で、この地位はイエスに他の場所から到来する。

したがって、to be or not to be, that is not a question. なぜなら、「存在の二つの状態の間の差異は、贈与のdonationとそのredondanceの承認か否かという、他の差異の前で無効になるからである」(p.544)。一言では、愛は存在を凌駕する。それゆえ、個々の生を存在の体制にしたがわせ、存在者の現前と不在、この両者に固執するのは、生の軽視に他ならない。あり余る贈与という視点では、存在はある種の欠損と考えられる[32]。あらためてabandonという論題に戻ると、「私の思惟はそれ自身を思惟するのに十分ではなく、思惟することを受け取る事柄を思惟する。私の思惟は他の場所から思惟する」(p.546)。唯一私の思惟から出発する時には、自らの認識やその現実存在には達し得ないのであって、「anamorphoseはsoiの取り組みから**私***je*をずらす。Jeは、そこではsoiの内に固執するような、自らに同一の現前として、自らに到達し得ない。Jeは他の場所からしか出来しない」(ibid. 強調は原文)。自らの認識には、他の場所の承認が不可欠となる。

Ⅸ　死と他の場所

すべての現れることとは、与えられるのであるが、与えられることとすべてが現れるとは限らない。なぜなら、現れることとは受け取る側の尺度にしたがうからである。この現象学(少なくともマリオンの)が基本とする考えは、明らかに時間性に基づく。例えば、「与えられることが**すでに** *déjà* 与えられているのに対して、現れることは**いまだ** *pas encore* 受け取られない」（p.549、強調は原文）。そして、時間性の中心となる論題の一つは死であるなら、死を他の場所の観点から理解する、この試みが不可欠となる。「別の死が他の場所から私に出来するためには、私の決意により死の可能性を先取りするのではなく、死がそれ自身で出来することが必要であろう」（p.556）。死に不可能性の可能性以外の仕方で直面する、この時範例となるのはキリストの死である。「キリストは、世界の中で、すべてを父から受け取る子として、また子の資格で、それゆえ、すべてがキリスト以前に、父という他の場所から出来する子として行動する」（ibid.）。特徴的なのは、私（ego、Dasein）の先取りする決意の拒否である。

　したがって、「**時間は先取りされるのではなく、受け取られる** *le temps ne s'anticipe pas,il se reçoit*」（p.557、強調は原文）。十字架上で、キリストは持てる生を与えるとしても、父から受け取る限りであって、このいわば死に至るまでの生の受け取りが復活の理由となる。「キリストは根源的にソクラテスと区別される。なぜなら、キリストはその生を与え、自らに死を与えず、死に身をゆだねない」（ibid.）。マリオンは自殺の倒錯した本質について、「未来の可能性を取り除くことで、将来を受け取る」（ibid.）と述べているが、この時には、ego あるいは Dasein が極限まで中心に置かれている。この点を、バルトは「自己破壊の場合、自殺はその行為により、自己自身への利益を手配する[33]」と指摘している。キリストは死を望むのではなく、あくまで父の意志にしたがっているのであって、死の先取りはもとより考慮外と言える。「キリストは死をまさに父から生を受け取るように受け取る。死を望むからではなく、それを他の場所の意志として認めるからである」（ibid.）。現在から出発して、先取りによって未来を引き寄せるのではなく、むしろ現在を受け入れることが未来へと生成していく。

他の場所は世界の外、また歴史の外と考えられ、「神は、創造と受肉により、人間の本来非常識な *insensée* 歴史に意味を与えに来る」(p.563、強調は原文)。ここで言われる意味は、明らかに非歴史的あるいは超歴史的で、「仮に、キリスト - 王の最終の勝利は人間の *notre* 歴史の《意味(方向)》に真に刻印されていなければならないとしても、それはいまだ出来せず、第二のキリスト再臨[34]は到来しなければならない。それなくしては、最初の出現は脆弱、暫定的で、要するにその決定的な確証を待つままである」(p.567、強調は原文)。確かに、キリストは人間をその歴史の中で救済するために、人間をその歴史の外部に[35]導く。しかし、「キリストが望むに至るのは、once for all ἐφάπαξ[36]で、なぜならその固有の人間的意志ではなく、散乱した人間の *notre* 時間以外の他の場所から、永遠に唯一の瞬間に到来した父の意志を望むからである」(p.573、強調は原文)。この唯一の瞬間は、まさに《ここと今》であって、人間は危機と決断の中に置かれている。通常の概念で理解された時間は救済の機会をもたらさない。時間を拡散から救い出さなければならない。「人間を待ち受ける事柄によって、人間のそれぞれに永遠はなされるであろう。しかし、私を待ち受けるのは、それに対して根底で私が覚悟すること以外には何もない」(p.578)。

結　語

マリオンの言う《他の場所》は、一言では神の場であって、この意味に限れば新しい知見ではない。しかし、神の場を明らかにするために、飽和した現象、贈与などの自らの現象学の概念を駆使している点がきわめて特徴的と思われる。それに加えて、ἐφάπαξ といった示唆に富む視点が述べられることになる。ここで書き留めておくべきは、マリオンは《他》を語り、《異》を語るのではないことで、世界に対する他は、世界との異ではない。つまり、他の場所は世界と不可分の関係にあり、後者なくして前者は考えられない。他の場所は世界とは切り離される異界ではない。したがって、マリオンの啓示の現象学は、あくまで自然的理性あるいはギリシャ的ロゴスに基づきつつ、その歩みが臨界に達したところで、他のロゴスに遭遇する。このような歩みは、形而上学とは厳然と区別される形而上学的思惟（経験から出発して、経験に制約されつつ、経験を越える領域に向かう）に他ならない。確かに、マリオンは聖トマスの啓示可能を批判するのであるが、その一方で啓示可能に多くを負っていることは否定できない。

ところで、アンリにとり世界以外は明らかに異界と理解される。おおもとでアンリが基礎とするのは、ギリシャ的ロゴスとパトスとの対立で、その歩みは形而上学的欲求（理性とは異なる情念により経験を越えようとする）で、その生という概念は理性の対極にある情念の場と考えられる。マリオンは現象学

phénoménologie を、アンリは現象学 *phénoménologie* を展開する、言葉を換えれば、前者は現象の内に読み取れる論理に、後者は現象それ自身に着目する。現象学研究を目的として引き継ぐとすれば、やはりマリオンであって、アンリは現象学の一種の変奏、編曲であろう。

　マリオンを引き継ぐにあたって、一つの課題を指摘すると（すでに別の機会に言及しているのであるが）、贈与についての還元の徹底化である。マリオンの贈与の概念には時間性が考慮されていない。また、このことと関連して、贈与は所有権の移転をともなう日常的な意味の贈与ではなく、期限付きの貸与、預託であるという特徴が示されていない。マリオンは《すべての現れは与えられているが、与えられるすべてが現れるとは限らない》、この贈与の現象学の原理を受け取る側の尺度で説明する。しかし同時に、贈与は正確には期限付きの貸与である、この贈与の性格に着目するべきであろう。

　有限性を本質とする被造物は、死によって、生きたという事実以外のすべての所有を失うのであれば、贈与は貸与であって、しかるべき時（死）に返却が義務づけられている。それゆえに神の愛が《失うべき人》に注がれるのであり、被造物の実存の根本規定は非所有に他ならない。ἐφάπαξ という視点がまさにこの根本規定を明らかにする。また、現象はやがては消失することを考えれば、非所有は現象学の根本規定でもあると言える。《すべての現れは与えられているが、現れは過ぎ去る。なぜなら、与えは預けにすぎない》、この贈与ではなく貸与の現象学の原理、この視点が他の場所、ἐφάπαξ、そして啓示の受け入れを可能にする。

注

はじめに

（1）*METAPHYSICA*, Oxford University Press, 1988, 980a,981a,982a

（2）*Dictionnaire critique de théologie*, PUF, 2007, p.1221

第一章

I

（1）*Phénoménologie matérielle*, PUF, 1990, p.6　以下の引用は本書による。引用箇所は頁数で示す。

（2）原語は matière、次の素材性は matérialité で、この二つの言葉は素材以外には、物質、質料、あるいは根拠といった多義的な内容を持つ。後に出てくる vie と同様に、学説の最も基本となる用語を多義的なまま使うのがアンリの手法とも言えるのであるが、ここに弱点が生じることは否定できない。

（3）soi は非人称的自我、moi は人称的自我を意味するのであれば、前者は自我、後者は自己と訳せると思われるが、正確さを期して原語を使用する。

（4）*METAPHYSICA*, 980a

（5）*Figures de phénoménologie*, J.Vrin, 2012, p.96

（6）op.cit., p.97

（7）op.cit., p.98

（8）ibid.

（9）ibid. メルロ - ポンティからの引用は、*Le visible et l'invisible*, *Gallimard*, 1964, p.310sq. なお、この引用箇所に関連して、*La prose du monde*, *Gallimard*, 1969 の編纂者 Claude Lefort は次のように述べている。「形而上学とは何か。この課題はメルロ - ポンティの古き企てを虚ろにするのではなく、そこに立ち戻る可能性を残さずにはいない。おそらくこの課題は、*l'origine de la vérité* の 1959 年の後継である *Le visible et l'invisible* で具体化するまで、常に一層メルロ - ポンティを捉えていた」（pp.Ⅹ-Ⅺ）。

（10）op.cit., p.99

Ⅱ

（11）アンリの引用は *Idees directrices pour une phénoménologie*, trad. Paul Riceur, Gallimard, 1950, p.289

（12）op.cit., p.339

（13）op.cit., p.338

（14）ibid.note1 強調は原文

（15）*Ideen zu einer reinen Phänomenologie und phänomenologischen Philosophie*, Max Niemeyer Verlag, 1993, p.171

（16）op.cit., p.204

（17）ibid.

Ⅲ

（18）op.cit., pp.287-288note1 強調は原文

（19）ここでは原語のまま使用する。

（20）op.cit. ,p.176

（21）ibid.

（22）l'Ipséité と le Soi-même は表記（定冠詞と大文字）が示しているように、アンリ理解の鍵となる用語と思われるので、原語のままとする。

Ⅳ

（23）以下の記述は筆者が *Phénoménologie matérielle* の pp.105-107 の内容を要約した。

Ⅴ

（24）フランツ・ブレンターノは「生理学は人間の学を体の側から探求するのに対して、心理学は心の側から行い、心の側は内的体験（第二の意識 im sekundären Bewustsein）に現れる」（*Grundzüge der Ästhetik*, FELIX MEINER, 1988, p.3）と述べている。明らかに、心理学は意識の志向性の二つの区別に基づくと考えられている。

（25）本書では apparaître は現れる、se révéler は顕れると訳す。これは後者により根源的という意味を持たせるためである。

（26）*DE ANIMA*, Oxford University Press, 1988, 430a

（27）op.cit., p.168

（28）op.cit., p.93

（29）op.cit., p.161

（30）op.cit., p.181

（31）ibid.

（32）op.cit., p.185

（33）op.cit., p.269

（34）op.cit., p.212

（35）op.cit., pp.302-303

Ⅵ

（36）このような思惟の習慣が一般的であったことは、たとえばボエチウスの次の言葉が示している。「（神）の知性の眼は、（人間）の理性よりはるかに高くに位置している。なぜなら、一つの全体を巡る過程を超過して、その眼は心の純粋な視覚とともに、単純な形自身を見るからである」（*Philosophiae consolationis*, Harvard University Press, 1973, p.410）。

Ⅶ

（37）他者と訳しているのはautreで、autruiとalter egoは区別するために原語のままとする。

（38）*Cartesianische Meditationen*, FELIX MEINER, 1987, pp.92-93

(39) op.cit., p.93
(40) op.cit., p.118
(41) op.cit., p.101
(42) この用語について、フッサールは「超越論的態度として、第一に、私の超越論的経験の地平の内部で、私に固有の事柄 Mir-Eigene に境界を巡らすことを試みる」(op.cit.,p.97) と述べている。それゆえに、《私に外的、あるいは異質ではない》を意味する。
(43) op.cit., pp.102-103
(44) すでに、「世間 Weltlichkeit という自然的態度では、私は自らを区別し、対立するという：《moi と他者たち》のただ中にいる」(op.cit.,p.95) と言及している。
(45) op.cit., p.113
(46) ibid.
(47) アンリは自らが理解する本来の ego を示すために、Ego と表記している。フッサールが Ego と表記するのは、名詞を大文字にするドイツ語の習慣による。
(48) op.cit., p.117
(49) ここでも本来の身体を示すために、Corps と表記している。
(50) フランス語では apprésentation で、原語のまま使用する。
(51) op.cit., p.122
(52) ibid.
(53) op.cit., p.117

（54）アンリは自らの立場を、auto-impression、la donation pure と、他方ではフッサールの立場を、auto-constitution、auto-explicitation と表現する。

（55）op.cit., p.70

（56）フッサールの Auslegung という用語を、レヴィナスは explicitation と訳している（*Méditations cartésiennes*, J.Vrin, 2014, p.118）。アンリはこの訳を踏襲しているのであるが、explication（Explikation）と explicitation、この両者を区別した上で、後者を aus 外に、legen 置くという意味を強調して使用する。

（57）ibid.

（58）たとえば、ライプニッツは「一般的な意味で、すべての知覚と欲求を持つ事柄を魂と呼ぼうとするのであれば、説明したように、あらゆる単純な実体あるいは創造されたモナドは、魂と呼ばれ得る」（*LA MONADOLOGIE*, Librairie Delagrave, 1978, p.151）と、またモナドを完成、充足（αὐτάρχεια）と理解しつつ、「被造物は完全である限りで外に働きかけ、不完全である限りで他から受ける」（op.cit.,p.169）と述べている。

Ⅷ

（59）原語のまま使用する。なお、この言葉の意味や関連する哲学的議論については、拙著『自己の解釈学』、アルテ、二〇二〇年を参照されたい。

（60）原語は Fond で、強調のため大文字が使われている。

第二章

Ⅰ

（1）Vieというアンリに固有の意味の生は太字で表記。
（2）*C'est moi la vérité*, Edition du seuil, 1996, p.13　以下の引用箇所は頁数で示す。なお、この引用文は後半部を省略した。
（3）アンリ自身がこの点を明言している。op.,cit., p.23,note1
（4）*Sein und Zeit*, Max Niemeyer, 1993, p.28
（5）ibid,
（6）時の過ぎ去りについての感嘆は枚挙に暇がなく、アンリ自身はComme le temps passe ! Voici déjà l'automne（op.,cit., p.29）と、たとえばテニスンは、Break,break,break At the foot of thy crags, O Sea! But the tender grace of a day that is dead Will never come back to me（*Selected Poems*, PenguinBooks, 2007, p.89）と詠じている。

Ⅱ

（7）神の啓示はLa Revelation de Dieuとして、定冠詞と大文字を使って表記される。
（8）アンリ自らが次のように述べている。「もし、生は人間自身やキリストの本質であるように、神の本質であるなら、その概念は探求の中心に見出されるであろう」（op.,cit., p.40,note1）。なお、この引用文の後で、生vieの大文字での表記は、神の生を表すと記しているので、本書では太字体で示す。
（9）たとえば、ヨハネによる福音書5、26「父は、御自身の内に命を持っておられるように、子にも自分の内に命を持つようにしてくださったからである」（『聖書　新共同訳』、日本聖書協会、二〇〇八年、（新）一七二頁）。
（10）前掲書、（新）一六三頁

（11）この言葉は一般には肉と訳され、哲学では corps を客観的身体、chair を主観的身体と訳すことも可能であるが、アンリの含蓄に富む用語の特性を損なわないように原語のままとする。

（12）前掲書、（旧）二頁

（13）前掲書、（新）四四六頁

Ⅲ

（14）op..cit., p.50

（15）原文では vie であるが、誤植と判断して Vie とする。

（16）*Figures de phenomenologie*, J.Vrin.p. 173

（17）ibid.

（18）op..cit., p.175

（19）原文では Vérité で、特別の意味（キリスト教あるいは神に関わる）を示す。

（20）大文字で表記され、自己同一性といった一般的な意味以上の陰影を含んでいる。

（21）ここでも、特別の意味を持たせるために、大文字で表記している。

Ⅳ

（22）ヨハネによる福音書1、18「いまだかつて、神を見た者はいない。父のふところにいる独り子である神、この方が神を示されたのである」（前掲書、（新）一六二頁）。

（23）前掲書、（新）一九八頁

（24）前掲書、（新）一九六頁
（25）Vérité、大文字で表記。

V

（26）アンリは例として、デカルトの cogito/cogitatum、カントの対象に対する関係、フッサールの志向性、ハイデガーの In derWelt sein を挙げている。（op.cit., p.122）
（27）前掲書、（新）一九四頁
（28）大文字で表記。
（29）ここでは、アンリ自身が「生の知解が *L'Essence de la manifestation* の中で導かれたのは、この概念の光による」（op.cit., p.133.note3）と述べているように、特に生の本質との関連で言及される。
（30）アンリは、デカルトの「痛みを身体のある部分に感じると判断する際には、しばしば間違っている」（Principes, Ⅰ、67）を引用しつつ、「印象が世界あるいは客観的身体に位置づけられるのは、ただデカルトにより明らかにされた錯覚による」（op.cit., p.135.note1）と指摘する。
（31）この言葉は《私一般》を意味すると解釈して差し支えないと思われる。
（32）前掲書、（新）一七二頁
（33）前掲書、（新）一九八頁

Ⅵ

（34）ipséité を論じるのであれば、やはり identité との区別が必要と思われる。なお、両者の区別と前者の優位については、拙著『自己の解釈学』、アルテ、二〇二〇年、一一三頁以降を参照。アンリ自身は「ipséité は identité ではない。moi の自己との単純な identité は、A=A という形式的で空虚な構造により定義される」(op.cit., p.250)と、また「真の ipséité は基本的で容赦なき情動の全体的印象、そこで自らが自己自身を受苦し、支える純粋な現象学的色調である」(ibid.) と述べている。

(35) 前掲書、(新) 一九六頁　アンリの引用は op.cit., p.158

(36) 大文字で表記。言うまでもなく、ヨハネによる福音書14、6「イエスは言われた。わたしは道であり、真理であり、命である」(前掲書、(新) 一九六頁) を含意している。

(37) 前掲書、(新) 三〇三頁

(38) Souci 大文字で表記。

(39) 前掲書、(新) 一〇頁

Ⅶ

(40) 出エジプト記3、14「神はモーセに、《わたしはある。わたしはあるという者だ》と言われ」(前掲書、(旧) 九七頁)、この言葉から、神の本質を存在とする、いわゆる出エジプト記の形而上学に対して、ヨハネの手紙1、4、8「愛することのない者は神を知りません。神は愛だからです」(前掲書、(新) 四四五頁) を対置させるなら、神の本質を愛として、神と存在との結びつきを緩和させることができる。アンリはこの点について何も言及していない。ここでも、神の愛という視点が欠落していると思われる。

Ⅷ

（41）前掲書、（新）三六三頁

（42）kénose は、たとえば讃美歌では、「キリストの主としての命名には、《神の立場》であったキリストのへりくだりを記述する続唱が先立ち、その上昇は、十字架上の死の服従に至る下降と無化の終りに到来する」（*Dictionaire critique de théologie*, PUF, 1998, p.754）。

（43）前掲書、（新）21頁

（44）Parole 大文字で表記。

（45）*Paroles du christ*, Edition du seuil, 2002

（46）op.cit., p.92

（47）op.cit., p.92

（48）op.cit., pp.98-99

（49）アンリは次のように指摘する。「キリスト教とともに、他のロゴスの驚くべき直観が出現する。まさに啓示というロゴスで、もはや世界の可視性ではなく、**生**の auto-révélation である」（op.cit., p.94）。

（50）Différence 大文字で表記。

（51）Entendre 大文字で表記。

（52）ここでは Fils と大文字で表記。

（53）op.cit., p.115

（54）op.cit., p.116

（55）ここでは身体と物体という二つの意味を持っているので原語を使用する。

Ⅸ

（56）*The epistle to the romans*, translated, Edwyn c.hoskyns, Oxford university press, 1968

（57）op.cit., p.28

（58）op.cit., p.31

（59）op.cit., p.36

（60）op.cit., p.38

（61）アンリは chair を生の場と考えることで、chair を善悪の判断の外部に置く。これに対して、バルトは肉（英訳 flesh）について、「人間は人間で、人間の世界に帰属する。つまり肉から生まれた者は肉である」（op.cit., p.56）、あるいは「被造物が創造主の前に立った時、実際に、肉は被造物の完全な不十分さ以外に何を意味するのか」(op.cit., p.89）と述べている。ヨハネによる福音書1、13 - 14「この人々は、血によってではなく、肉の欲によってではなく、人の欲によってでもなく、神によって生まれたのである。言《ことば》は肉となって、わたしたちの間に宿られた」（前掲書、（新）一六三頁）。この言葉では、前後に現れる肉はどちらもσαρκόςであるが、アンリは後者、バルトは前者に依拠していると思われる。

（62）op.cit., p.82

（63）κρίσις　訳者は一貫してギリシャ語を使っている。一般的な危機 crisis ではなく、分離、区分する力、選択、決断そして判断を意味する。

（64）Ibid

（65）He is what He is この言葉が出エジプト記3、14を含意していることは疑いない。

（66）op.cit., p.93

（67）たとえば、「イエスは罪深い者の間に罪人《つみびと》として立っている。イエスは自らを、その下に世界が置かれている審判の下に位置づける」（op.cit., p.97）と述べ、イエスを世界、人間と同列に、審判の対象としている。また、「イエスの信仰は、神の〝愛なき〟愛を聞かざることを感じ、理解し、神の常に物議となり、法外な意志を実行し、神をその理解不可能性と秘匿性の内に呼び出す」（op.cit., p.99）という言葉で、逆説（Nevertheless）を指摘する。しかし、キリスト教がどれほど逆説に満ちているとしても、このように危機を煽る（crisic）表現が適切かどうかは疑問であろう。いわゆる弁証法 Dialektik は、肯定を際立たせるために否定をことさらに強調する討論術 Diskutierkunst であるなら、バルトはまさに dialektisch と言える。

（68）op.cit., pp.106-107

（69）op.cit., p.107

第三章

I

（1）*D'ailleurs, la revelation,* Bernard Grasset, 2020 以下の引用は本書により、引用箇所は頁数で示す。

（2）バルトに対しては立場が異なるとはいえ、神学については共通する思いがあることを、*Der Römerbrief* の引用で示している。「あらゆる人間の作品は下書き、事前の仕事で、神学の書物は他のどの作品以上にこのようだ」（éd. 1922, p. VI）。

（3）愛の還元と訳せるが、原語のまま使用する。なお、マリオンの三つの種類にわたる還元については、拙著『J.L. マリオン論考』、教友社、二〇一〇年、一三九頁以下を参照。

（4）マリオンは ailleurs という言葉を、すべて斜字体で強調している。

（5）神 Dieu はすべて大文字表記。

Ⅱ

（6）啓示 Révélation はすべて大文字表記。

（7）バルトは「福音は他の真理の間の真理ではない。むしろ、あらゆる真理に対して疑問符を付ける。福音は扉ではなく、蝶番である。その意味を把握する人は、すべての争いから遠ざかっている。なぜなら、その人は全体との、現実存在自身さえとの争いに入り込む」（*Der Römerbrief, The epistle to the romans*, translated, Edwyn c.hoskyns, Oxford university press, 1968, p.35）と述べている。

（8）*Le regard de l'amour*, Desclée de brouwer, 2000, p.7

（9）ibid

（10）聖書　新共同訳、日本聖書協会、二〇〇八年、（新）三九七頁

Ⅲ

（11）以下の記述は、筆者が *D'ailleurs, la revelation* の pp.75-76 の内容を要約した。

（12）ここでのマリオンの主張の論拠は、*Summa Theologiae*, Ia.q.1.a.1.ad2m.

（13）エチエンヌ・ジルソンの *Le thomisme*, J.Vrin, 1989, p.20、および前掲拙著二一八 - 二一九頁を参照。なお、マリオンは「ジルソンはきわめて重要と思われる次の点の説明と証明をしていない。啓示自身の認識論的解釈が唯一可能にする、論証可能 demonstrabilia の啓示可能 revelabilia へのトマス的な統合である」（op.cit., p.80,note1）と批判している。しかし、ジルソンが言っているのは descriptio であって、demonstratio ではない。

（14）*Summa Theologiae*, vol2, Cambridge University Press, 1963, pp.13-17 参照。
（15）ここでのマリオンの主張の論拠は、*Summa Theologiae*, Ia,q.1,a.2
（16）言葉 Parole 大文字で表記。
（17）以下の記述は筆者が op.cit., p.104 の内容を要約した。
（18）以下の記述は筆者が op.cit., pp.132-133 の内容を要約した。
（19）*Kritik der reinen Vernunft*, A XIII, XIV「人間の認識を可能的経験のあらゆる限界以上に拡張することに責任を負う。このことは私の能力を完全に超過している」。カントは明らかに啓示の認識論的理解を批判している。
（20）*Kritik der Urteilskraft*, B442, A436, 437「神に関する理論的認識は倫理に先立つべきである時には、倫理は神学にしたがわなければならない。また、理性の内的にして必然的な立法者の代わりに、一つの至高の実在の外的にして任意の立法者が導かれるだけではなく、このような倫理では、至高の実在の本性についての洞察で欠けていることが、倫理的見通しにまでも及び、このようにして、宗教を非倫理的にし、邪道に陥れる」。
（21）*Kritik der reinen Vernunft*, B222,A179
（22）op.cit. B223,224,A180,181
（23）ibid.

IV

（24）三位一体を構成する父 Père、子 Fils、聖霊 Esprit あるいは Esprit Saint はすべて大文字表記。
（25）バルトの ***Kirchliche Dogmatik***、また第二ヴァチカン公会議の教会憲章 ***Dei Verbum*** を考慮に入れている（op.cit., p.162）。

(26) 原文ではporoleとなっているがParoleと解釈する。
(27) op.cit., p.341
(28) ibid.
(29) 引用はH・U・フォン・バルタザール、*Glaubenhaft ist nur Liebe*, Einsiedeln, Johannes Verlag, 1966, p.36からで、原文はdie sich selbst auslegende Offenbarung Gestalt der Liebeとなっている。
(30) マリオンはここで、(il s'agit) ***du*** phénomène de la ***Révélation***と表記して、啓示が比類なき唯一の現象であることを強調する。
(31) バルタザール、op.cit., p.84
(32) コロサイの信徒への手紙、1、15　前掲書三六八頁　マリオンはicône du Dieu invisibleと訳している(op.cit., p.180)。
(33) この後に、バルタザールの「理性にとり受け入れられない光ではあっても、神の三位一体は、現象学的に正しい仕方で、与えられたことに加えられる暴力なしに、キリストという現象das Phänomen Christiを明らかにすることができる唯一の仮説である」(op.cit., p.58)という主張が引用される。
(34) ヨハネによる福音書、3、8　前掲書167頁
(35) 真理の定義としてはveritas、認識と対象としての事物の一致、adaequatio rei et intellectusがあり、認識論はこの定義に基づく。ヨハネによる福音書14、6「わたしは道であり、真理であり、命である」の真理はἀλήθειαで、イエスは父に至る道を明らかに示すという意味と考えられる。そして、このようなイエスの出現自身がἀποκάλυψιςに他ならない。このことに関連して、マリオンは次のように述べている。「ハイデガーのヨハネによる福音書14、6の注釈では、《わたしは道であり、真理であり、命である》という表現は、議論なく

して、はじめに《ただ言葉の上でギリシャ語》として、しかしより悪しく、ラテン語のveritas、それ自身《ドイツ語ではない言葉ein undeusches Wort》の部類として貶められている」（op.cit., p.192,note.2）。

（36）以下の記述は筆者がop.cit., p198の内容を要約した。なお、マリオンのパスカル解釈については、前掲拙著九一頁以下を参照。

（37）これは、ギィヨーム・ドゥ・サンティエリのamando intelligere et intelligendo amare（*Supra Cantica canticorum*, Cerf, 1962, p.162）という言葉で、この言葉とともに、amor ratione munitur,ratio vero ab amore illuminatur [..] Ratio efficit amorem,amor autem afficit rationem（op.cit., p.290）《愛は理性により強化されるが、理性は愛により照らされる――中略――理性は愛を実行するが、愛は理性に影響を及ぼす》が引用されている（op.cit., pp.202-203）。

（38）*Larousse de la langue française*, 1977, p.72

（39）*Kritik der praktischen Vernunft*, A,3-4

（40）*Grundlegung zur Metaphysik der Sitten*, BA,87

（41）マリオンは「実際には、自律と他律の間の対立は、ハイデガーがそれを放棄したに違いなく、レヴィナスは逆にしたので、より一層不正確で、基礎づけられないままである」（op.cit., p.210,note.1）と指摘する。

（42）《cogitare et amareidipsum》*Speculum fidei*, J.Vrin, 1959, p.84

（43）このマリオンの言葉（op.cit., p.238）は、その現象学の基本的な考えを簡潔に要約している。

（44）ここで、「時折、与えることより受け取ることの危機や危険がより大きいことを侮ってはならない」（op.cit., p.240,note.1）と付言される。

（45）op.cit., p.263

（46）onto-théologie は、一言では、哲学への神の侵入で、この場合には神は göttlich Gott、ある種の概念的な偶像、人間の理性が扱い得る最良の事柄にすぎない。

（47）マリオンの著書 *Dieu sans l'être*、特にその表題はハイデガーの onto-théologie の批判にあまりにも譲歩しているという印象を与える。確かに、この時点のマリオンは、聖トマスが必ずしも神を至高の存在者と考えているのではない点を見落としている。しかし、*Philosophie chretienne et hermeneutique de la charite, Communio,* Automne, 1992では、聖トマスの「存在それ自身が神の善性の類似である。Ipsum esse est similitudo divinae bonitatis」（*De Veritate,* q.22,a.2,ad2m）という考えを受け入れている。なお、*Dieu sans l'être* については、前掲拙著一一九頁以降を参照。

（48）たとえば、「唯一の問題は、我信ずのアーメン l'amen du Credo に至るまで、合理主義者でいるために、常に十分な一貫性とともに思惟しているかどうかを知ることである」（*Apologie de l'argument, Communio,* mars-juin, 1992, p.18）と述べている。

第四章

I

（1）名 Nom　太字体は大文字表記を示す。

（2）『聖書』　新共同訳、（旧）九六頁

（3）啓示とイコン、両者の決定的な差異は、前者は聴覚に、後者は視覚に与えられるという点にある。しかし、イコンは不可視の経験、この意味で対象化できないことの反‐経験、志向性の反転であって、啓示の一つの様態 modalité と考えられる。

(4) マリオンは、この点については、「前もって、キリストの形象を示しているのは預言ではなく、それ自身でそれまでに預言が表現していた意味以上に根源的な意味を、回帰的に文献に与えるのは、人格としてのキリストの行為の内にある形象である」と、また「新約はキリストから出発して旧約を描き直す。なぜなら、キリストは、現実化した愛として、もはや何も描き出さず、形象の内にその側面が現れたことを、人格として完成する」(*D'ailleurs,la révélation*, p.300,note1) と述べている。

(5) コリントの信徒への手紙1、2、6-7 前掲書(新)、三〇一頁 この言葉はアンリにも大きな影響を与えている。

(6) コリントの信徒への手紙1、1、22 前掲書(新)、三〇〇頁

(7) マリオンはコリントの信徒への手紙1、1、18に依拠している。「十字架の言葉は、滅んでいく者にとっては愚かなものですが、わたしたち救われる者には神の力です」(前掲書(新)、三〇〇頁)。

(8) コリントの信徒への手紙1、1、19 前掲書(新)、三〇三頁

(9) *De la langue française*, Larousse, 1977, P.1433

(10) 前掲書(新)、三四五頁

(11) 前掲書(新)、二九三頁

(12) 前掲書(新)、三二六頁 マリオン自身がこの言葉の一部を引用している(op..cit., p.336)。このように、マリオンは論証の過程で聖書を多く引用するのであるが、この手順を、自らの学説の裏付けのための聖書の私的利用と批判するのは、明らかに初歩的な誤解である。啓示あるいは聖書の内容の受容は、あくまで、解釈学的であって、マリオンはその現象学の立場から、一つの解釈の可能性を提起していると考えるべきである。

(13) op.cit., pp.338-340

（14）譬えは然りと否という選択の決断を迫る意味で、κρίσις に他ならない。聴衆に返答を求め、審判を示唆する。

（15）前掲書（新）、一七二頁

（16）マリオンは「親子関係の性格として、非真正さ inauthenticité という逆説が問題となった」（op.cit., p.392）と述べているのであるが、この inauthenticité は、authenticité が《その固有の権限により行動する（qui agit de sa propre autorité）》という語源となる意味を持つ（*De la langue française*, Larousse, 1977, P.130）ことに基づいている。

（17）前掲書（新）、三六八頁

（18）前掲書（新）、三七一頁

（19）前掲書（新）、一六三頁

（20）前掲書（新）、一六七頁

（21）啓示は基本的には聴覚に与えられるという点で、イコンは視覚に訴える啓示の métamorphose と言える。

（22）Unité et unicité divines , Cette différence est celle d'un《Père》et d'un《 Fils》（*Dictionnaire crutique de theologie*, P.U.F, 2007, p.338）（神的な unité と unicité、この差異は、《父》の unité と《子》の unicité の違いである）。神は oneness あるいは uniqueness、これに対して、キリストは unicité dans la diversité と考えられる。この点について、マリオンは「探求を妨げる決定を疑問視するべきであろう。つまり、Deo uno の論（存在の中の存在者という論理、それゆえ実体 *ουσία* と unité との同等により支配される）と、Deo trino の論（共同体による統一、それゆえこの統一の項の多様性を求める）の間の区別である」（op.cit.,p.431、強調は原文）と指摘する。

（23）Trinité この言葉は神 Dieu と同じに常に大文字で表記されている。

（24）この言葉は、ヨハネによる福音書13、1からの引用

（25）マリオンは、ナジアンゾスのグレゴリオスの『神学講話』に準拠しつつ、次のように述べている。「神は偶有性を受け入れることの意味で、一つの**実体**οὐσία ではなく、今後は**状態**σχέσις と名づけられる、存在的主題化に対抗して本質的となる関係を拒絶するのでもない」（op.cit., pp.425-426,note3 強調は原文）。

（26）原文では小文字であるが、誤植と判断し、太字体とする。

（27）マリオンは、*Figures de phénoménologie*, J.vrin, 2012 の中で、「有限性に戻ると、どの人間も単独で愛することはできず、他者性へ移行しなければならないと言われるであろう。神では、他者性は**内へと** *ad intra* 展開し、人間にとっては、**外へと** *ad extra* 外的化することを除けば、あらゆる一者 l'Un の哲学に反して、他者性は人間以上に神を本質的に性格づけることが明らかになる」（p.173、強調は原文）と、また「現象学では、二人組を引き立てる第三者は、結合と同時に贈与として、同様に、二人組を共同体の尊厳にまで高める。神学では、これは聖霊を定義する」（p.177）と指摘している。

（28）前掲書（新）、二七六頁

（29）たとえば、ヘーゲルが神の内にある種の生成を認めている点は、「絶対精神（thèse、父）は、乗り越えられた疎外の終点で（synthèse、聖霊）、より壮大な流儀で自らをあらためて肯定するために、自ら自分自身を否定することで（antithèse、子のケノーシスと世界の創造）、より進んだ仕方で自らを完成させる」（*Dictionnaire critique de theologie*, P.U.F, 2007, p.1430）と述べられる。しかし、言うまでもなく、神の生成という学説は神の完全性と乖離する。

（30）この言葉は、saturé と同じ意味で、三位一体に現れる贈与は phénomène saturé に他ならないことを示唆する。啓示は最も顕著な phénomène saturé と考えられる。

（31）マリオンは次のように指摘する。「他の場所からを除けば、どのような呼びかけも聴き取られない――中略――超越論的 ego という自閉症は、当初から、谺で自分の声を聴くことだけを認め、最も多くの場合、他の場所の試練を禁じ、最終的に、あらゆる呼びかけに自らを閉ざす」（op.cit.p.526）。

（32）他の場所を存在以外の仕方（贈与）で理解する試みは、「他の場所は、在ることと在らざることの差異はもはや決定的で、明証的な何も持たないという場、存在の外部から到来する」（op.cit., p.547）と明言される。

（33）*Der Römerbrief, The epistle to the romans*, translated, Edwyn c.hoskyns, Oxford university press, 1968, p.161

（34）キリスト再臨 Parousie　大文字表記。

（35）この外部ということに関連して、「メシアの到来あるいはその否定という問題とその拡大適用（レヴィナス、デリダ、その他多くの人々によるメシアなきメシア主義）は、意味も**目的** *telos* もない異質の瞬時の連続としてそれ自身理解された、**人間の** *notre* 歴史という基礎に基づく以外に発言することはできない」（op.cit., p.569,note1、強調は原文）と指摘している。

（36）日本語訳では十分に意味を伝えることができないので、ギリシャ語（原語）、英訳、そしてマリオンの解説を紹介しておく。En mettant en moi et dans le monde tout *à jour*, la decouverte met tout *au jour.*（op.cit., p.579）.

あとがき

フランス現象学の神学への方向の批判が話題となってから、すでに多くの年月が経ち、代表的な批判者であったドミニク・ジャニコウが不慮の事故により早世したことも加わり、この話題は一時期の挿話となったと言っても過言ではない。現象学の変貌 avatar は変異ではなく、自然な発展として、その神学的傾向は確固とした地位を確立した。この動向の中で、大きな役割を演じたのがアンリとマリオンで、前者の C'est moi la vérité、後者の D'ailleurs la révélation は発展の成果を示す指標と考えられる。マリオンに限ると、この著作は自らの現象学の集大成とも言え、onto-théologie に対する théo-phénoménologie の明確な展開となっている。

ところで、我が国のフランス哲学の研究が、アンリはともあれ、マリオンに十分な関心を向けていない点はあらためて指摘するまでもない。優れた若手研究者が現れていることは否定し得ないとしても、たとえば英語文化圏と比べた場合、その研究はきわめて豊かさを欠いている。繰り返し述べてきたのであるが、この国では、先立つ時代の哲学のアンチテーゼである近代哲学をテーゼと見なす、特定の哲学者の詮索を哲学研究と思い誤る、この二つの陥穽が根強く残っている。また、学説の通俗化が常に支配する。これらの最も悪しき偏向を回避しつつ、フランス哲学の研究を進めていく、この作業が今後より一層求められると思われる。
　本書は例により試作品の域を出ない。しかし、〝一粒の麦〟となって地に落ち、フランス哲学への関心の高まりに多少とも寄与できれば望外の幸運である。最後に、いつもながら筆者を支援してくださる市村敏明氏にお礼を申し上げたい。

二〇二三年　春を待ちながら

佐藤　国郎

◆著者

佐藤　国郎（さとう　くにろう）

2006年、横浜市立大学大学院国際文化研究科博士課程修了。博士（学術）。著書『メーヌ・ド・ビラン研究——自我の哲学と形而上学』（悠書館）『J. L. マリオン論考——学から思惟へ』（教友社）『非存在の神学と非所有の哲学——ジャンケレヴィッチを超えて』『ジャン＝リュック・マリオンを読む——私という不可解』『非所有の哲学を求めて——出来事との遭遇』『霊性の現象学——キリスト教哲学のために』『自己の解釈学——フランス哲学の現在へ』（以上アルテ）

啓示の現象学——ミシェル・アンリとジャン＝リュック・マリオン

2023年4月15日　第1刷発行

著　者　佐藤　国郎
発行者　市村　敏明
発　行　株式会社　アルテ
〒170-0013　東京都豊島区東池袋2-62-8
BIGオフィスプラザ池袋11F
TEL.03（6868）6812　FAX.03（6730）1379
http://www.arte-book.com
発　売　株式会社　星雲社
（共同出版社・流通責任出版社）
〒112-0005　東京都文京区水道1-3-30
TEL.03（3868）3270　FAX.03（3868）6588
装　丁　川嵜　俊明
印刷製本　シナノ書籍印刷株式会社

SBN978-4-434-31842-9 C0010